孫權的人生哲學

——機智人生

《中國人生叢書》前言

中國聖賢是一個神聖的群體。他們是思想智慧的化身，道德行為的典範，進取成功的象徵。他們或者以自己的思想學說影響歷史，併構成民族性格與靈魂；或者他們本身即親身創造歷史，留下光照千秋的業績。

但歲月流轉，時代阻隔，語言亦發生文句變化。更不用說人生代代無窮已，歷來學問家詮釋演繹聖賢學說，形成眾多門戶相左的學派，同時又相應神化聖賢事跡。於是，聖賢便高居雲端，使常人可望不可及，只能奉為神明，頂禮膜拜。

然而，消除阻隔，融匯古今，無論學問思想，或者智勇功業，如此二者常常並不是分離的，且必然是人生的，為社會人生而存在的。這就是聖賢學說、智略、勇氣、運籌、奔走、苦鬥、成功的經驗、失敗的教訓，乃至道德文章，行為風範，也體現為一種切實的人生。因為聖者賢者也是人。

這是一種存在，無須多說甚麼。但存在對每一個人並不意味著親切，也不意味著自覺。我想聖賢人生與我們這些凡夫俗子的人生加以聯繫。聖賢不正是一個凡夫俗子，經許多努力，經許多造就，才成其為聖者賢者的嗎？

當然還有一個重要方面，時世使然矣，這就是歷經漫漫千年的中古時代，又歷經憂患求索的百年近代，世界文化已在衝擊中國人的生存方式。該如何確立中國人的人生路，我總認為無論是作為一種一脈相承的文化淵源，還是作為一種參照與啟迪都莫如了解中國聖賢人生，莫如將我們平凡的人生從聖賢人生與學說找到佐證，找到圭臬。所謂古人不見今時月，今月曾經照古人。正是由此理解，由此思忖，我嘗試撰寫了《莊子的人生哲學》，問世以來即引起讀者的關注與歡迎。並且成為我組織一套《中國人生叢書》的直接引線。

我大致想好了，依然如《莊子的人生哲學》一樣，一書寫一聖賢人物。我還不揣譾陋，以我的《莊子的人生哲學》為範本，用一種隨筆的文體與筆調，古今結合，史論結合，聖賢人生與凡生結合，我還要求每一位作者對他所寫的聖賢人物，結合自己的人生閱歷對聖賢寫出獨特的人生體驗。我請了我的多位具卓越才識的朋友，他們都極熱心地加盟這套書的寫作，並至順利完成。

現在書將出版了，我需感謝我的朋友們，感謝出版社，希望更多的讀者喜歡他。

揚帆

《中國人生叢書》前言附語

《中國人生叢書》原先所寫的對象具為中國歷史上聖賢人物的人生哲學，如老莊、孔、孟等。因之《中國人生叢書》前言亦是交代這一部分書若干種的來由。

實際「中國人生」是一個涵蓋更為豐富廣闊的概念，這是明白的。因之，揚智文化事業股份有限公司的葉忠賢先生擬擴大它的規模，至少在內涵上應與「中國人生」更相符合些，這是自然的。無論是循名責實，還是作為實業上的某種建樹，出版者這樣想都是順理成章的。當然，從讀者這方面考慮，中國人文史漫漫數千年，寫人生哲學也不應只有這幾位聖賢人物，應該給讀者更廣闊的視野，更寬廣的精神空間。此亦情理之中的事。如此，本叢書又引進《曹操的人生哲學》、《李白的人生哲學》、《孫權的人生哲學》等諸種，相應說明如下：

1.原來《中國人生叢書》聖賢諸種再加現在諸種，即為《中國人生叢書》的全部。

2.後續所加人物，其人生品格與聖賢是有差別的，這一點不言自明。

3.為保持此叢書的形式統一，前言不變，特加此「附語」加以說明，亦祈讀者諸君明鑑。

揚帆

於廣濟居

目錄

好學篇

話說孫權

楔子

孫權其人素有大志，氣質、能力、謀略及手段有其特有之廣度與深度。

讀者朋友，當你拿起這本小書時，也許你交錯著兩種相互矛盾的心情：你對人生問題很感興趣；但面對孫權這個一代帝王英雄，你又覺得相距甚遠，不知他的人生及人生哲學於你有何相干。

實際上，在我看來，他首先是一個人，是一個同我們毫無二致的人。雖然有歷史和地位的距離，但在作爲一個人上，跟我們是相通的。我起初也有這種障礙，我對帝王一向是十分隔膜的，我的寫作過程就是不斷地排除這種障礙，並對種種史料按照我們現代人的意識予以洞穿和把握。

說實在的，剛開始我接這個題目是有所猶豫的。一同寫這套叢書的朋友聽說我接的是孫權，也都說，你這個題目不好寫。

但我又想，文壇如戰場，文戰如武戰，有時也需要一點冒險精神和出奇制勝。正因爲它不好寫，如果寫好了，才更有意思。拿過這個題目，也就等於接受一個挑戰。

說孫權不好寫，是因爲乍看起來，特別是小說《三國演義》給人們的印象，他除了會用人（如周瑜、呂蒙、陸遜）外，其餘平平常常，沒有什麼特點。如果換一個三國人物，如曹操，就很有特點，梟雄人生或英雄人生；如諸葛亮，智聖人生或智慧人生；如劉備，仁德人生或仁義人生。但孫權是什麼人生，用哪兩個字可以概括他的一生呢？——這眞找不出這兩個字來。也許他太沒有特點了。

我仔細翻閱了有關孫權的資料，當然是以《三國志》爲主，同時凡是能找到的其它材料也都看了。我對孫權有了一個可以說是全新的看法。總體印象是，其實他也是複雜而很有個性的。只是由於像《三國演義》這樣的小說，其傾向是褒劉貶魏輕視吳——褒貶都可突出人物形象，唯獨輕視則使人物黯然失色——造成的先入爲主的印象，才使得孫權變成一個沒有什麼性格光彩的人。

舉一個例子：小說爲了突出諸葛亮的智謀，趙子龍的忠勇，虛構了一個劉備招親東吳的場面：周瑜爲孫權設了一條條羈縻甚至殺掉劉備的毒計，都被諸葛事先一一識破並化解，最後東吳是「周郎妙計安天下，賠了夫人又折兵」。這樣的描寫，是對諸葛亮、趙雲等的美化，同時也是對周瑜、孫權的醜化；後者被寫成器量狹小，靠耍小手腕、小計謀取勝對方的庸俗不堪的人物；孫權爲了殺劉備，甚至不惜下令同時殺掉他的妹妹。

史實的眞相是，劉備來見孫權，擬借荊州，周瑜建議將他軟禁起來，給以美女玩好，同時把關羽和張飛的隊伍分開，由東吳的人逼迫他們協同作戰。孫權不同意這樣做，而是採納了魯肅的意見，把荊州借給劉備。曹操聽到這個消息，吃驚得把正在寫字的筆都掉到地上了。由此可見孫權的度量和雄才大略。這與小說演義所敷衍的內容正好相反。

把小說或人們的先入之見同史實兩相對照，這樣被歪曲的情況比比皆是。孫權的光彩和特點就很難發現，因此增加了寫作的難度。

孫權十八歲當江東領袖，至去世，在位五十三年，是三國時期在位時間最長的一方霸主。曹丕曾問東吳使者趙咨：「吳王是什麼樣的一方之主？」趙咨回答說：「他聰明仁智，是雄略之主。」曹丕要他解釋一下。趙咨說：「從平民中起用魯肅，是他的聰；從士兵中提拔呂蒙，是他的明；俘虜于禁卻不殺，是他的仁；奪取荊州而兵不血刃，是他的智；據有三州而虎視天下，是他的雄；屈身而奉事陛下，是他的略。」（《三國志·吳主傳》）趙咨的這個回答，雖然不一定十分全面準確，應該說是有一定根據的總結。

因此，我取了趙咨的說法來概括孫權的一生：雄略。孫權的人生是雄略人生。雄，指其素有大志，從一開始就有兼並天下之心；略——比趙咨所指較廣——指其有達到這個目的的氣質、能力、謀略和手段。而所謂聰明仁智，都是爲達到稱雄天下的目的而具有的氣質、能力、謀略和手段，都可歸結到雄略二字中去。

讀者朋友，如果你想了解這樣一個人，他給自己立下了一個遠大志向，並能夠堅韌不拔地朝這個目標邁進，那麼孫權就是一個很好的例子。

如果你有興趣的話，請隨我來，讓我們回到那個群雄割據、戰亂不已同時又是異彩紛呈的三國時代，在孫權人生長河中漫遊一番，領略一下他的人生體驗和境界，也許你最後會伸出大拇指說，值！

以上算是一段開台鑼鼓。下面言歸正傳。

臨危受命

漢獻帝建安五年，孫權繼其兄孫策而爲江東新主。

漢獻帝建安五年（公元二〇〇年），孫策爲許貢門客所傷，臨終時，把印綬佩帶在弟弟孫權身上。孫權繼爲江東之主。

我說孫權的接任是臨危受命，不僅指他是在其兄孫策臨終時受命的，更指當時的形勢，是受命於危難之局。

通常認爲孫權接任之時，江東已成規模，可以守成或偏安。這是不正確的。當時的局面是待定而未定，可安亦可亂，因此說是危局。

當時的形勢是：雖然已有會稽等六郡之地，但孫策占有的時間不長，許多偏遠險要的地方都還沒有完全歸服，一些懷有野心的人則虎視眈眈，那些寄居江東的士人考慮著自己的前途準備離去，根本沒有那種君臣之間的牢固關係。在這種情況下，並沒有一碗現成的安穩飯給孫權吃。局面是安是危，就要看這個十八歲的青年自己怎麼做了。

當時的有利條件是，張昭、周瑜一文一武兩個主要幕僚都委心服事他。但這仍然有賴於孫權自己的努力。孫策臨終曾對張昭講：「如果仲謀不能勝任，您可取而代之。」（《三國志·張昭傳》注引《吳厲》）這也許是故意說給張昭聽的話，但就張昭在江東集團中的地位，孫策的「恩澤未洽」，如果孫權果令衆人失望，這也未必不是一種可能的選擇。周瑜也是一代英才，若孫權庸碌無能，必不能安心於其下。

孫權繼任後的所作所爲，不負其兄所託，在不斷的開拓中鞏固和發展了江東局面。孫策九泉下有知，當深感欣慰。

他除了任用孫策的舊部屬，待張昭以師傅之禮，而以周瑜、程普、呂范等爲將帥外，還招延俊秀，聘求名士，魯肅，諸葛瑾等始爲賓客。在實際行動上，他分部諸將，鎮撫山越，討不從命。

有兩大行動鞏固和發展了江東地盤，也顯示了青年孫權的領袖才能，使其部下傾心服從他：

伐李術

李術本來是孫策破劉勛後表爲廬江太守，並給三千兵以守皖城。孫策死後，李術不肯服從孫權，反而招降納叛。對於孫權索要叛者的書函，他的答覆是：「有德者有人歸，無德者有人叛，不應該把人還給你。」（《三國志‧吳主傳》注引《江表傳》）這對於孫權的威脅太大了：如果都像這樣，孫氏在江東的基業不就全垮了嗎？於是孫權決心拿李術開刀。

孫權在進攻皖城前先給曹操寫了封信，說明情況和理由，請他不要干預這件事。攻城時李術果然向曹操求救，被拒絕。於是孫權攻破皖城，砍了李術的頭，俘虜了他的部曲三萬餘人。這是一場大勝仗。在對李術用兵的過程中，孫權先給曹操打招呼，以理服人，首次出馬就表現了有勇有謀、外交與軍事手段交互使用的雄才大略。

數伐黃祖

數伐黃祖，多有勝利，終於在建安十三年（公元二〇八年）春攻克其城，追殺黃祖，虜其男女數萬口。

這後一個勝利是孫權欲實現其縱橫天下之志的關鍵一步。深知孫權志向的魯肅曾爲他策劃說，應先剿除黃祖，然後討伐劉表，盡可能地占據整個長江流域，再建號帝王以圖天下，就像漢高祖做的那樣。這第一步是實現了，而且還報了殺父之仇。（其父孫堅是被黃祖的士兵用箭射死的。）

在攻殺黃祖的戰役中新附將領甘寧起了重大作用。由於孫權待他同於舊臣，很重視他，使他有知遇之感。他向孫權獻策，意思與魯肅的大致相同，並對攻黃祖的有利條件作了具體分析。雖然張昭表示反對，認爲內部事情很多，用兵會導致混亂，孫權還是採納了甘寧的建議，並取得了成功。

孫權繼任後還面臨著一個重大抉擇：新破袁紹的曹操兵威日盛，於建安七年（公元二〇二年）寫信給孫權，要他把兒子送去作人質。孫權召集群臣會議商量此事，張昭、秦松等猶豫不能作決斷。孫權的意思是不送人質，於是單獨把周瑜

召到母親跟前作決定。周瑜的意見也是不送。最後拒絕了曹操送人質的要求。（《三國志·周瑜傳》注引《江表傳》）

這也是關鍵性的決策。如果送了人質，就不得不受制、聽命和依附於曹操，完全喪失了獨立性。這跟孫權縱橫天下、不聽命於任何人的志向是根本矛盾的。

孫權作出這樣的抉擇，剛剛二十歲。

赤壁抗曹

三國者乃古今爭天下之一大奇局，而赤壁一戰更改變了整個中國歷史。

孫權滅黃祖後，還沒來得及實施他進伐劉表的第二步戰略，形勢陡變。

這年八月劉表去世，曹操虎視眈眈，有南下之意。

孫權和魯肅商量的結果是，讓魯肅以吊唁劉表為名去荊州看情況。若劉備同劉表舊部彼此協心，上下齊同，就與他們結盟共同對付曹操；若其內部相互離違，就再作別的打算。

結果魯肅還未到荊州，曹操已臨其境，劉表的兒子劉琮率衆投降。劉備準備渡江南逃。魯肅找到他，說明了孫權的意思。劉備聽了很高興，按魯肅的建議進駐夏口，並派諸葛亮去見孫權，共商抗曹大計。

此後是以周瑜的水軍爲主，雙方聯合共破曹軍於赤壁。

細觀赤壁抗曹的史實，我的結論是，孫權是最爲關鍵的人物。沒有他，就沒有赤壁抗曹及其勝利，其他人的作用都不能同孫權相比。這樣說並不過分。

當時的形勢是，劉備對曹操毫無妥協的餘地，非戰即亡；孫權卻大不相同。他可戰可降；若降，以江東之衆順從曹操，其待遇應在封侯之上，而劉備再無抵抗力，除了逃竄恐無它法。這樣，當時整個中國的形勢也許完全兩樣。

聯合抗曹對劉備這一方來說不存在任何選擇和風險；如果成功就更好，若不成功對他們也沒有增加新的損失。他們沒有別的選擇。

小說《三國演義》把孫權寫成一個猶豫不決、優柔寡斷的人，不僅要受諸葛亮的激發，而且還要聽了周瑜和魯肅的一番言說才下決心抗曹。實際情況是，在劉表新亡、曹操尚未南下之時，孫權就同魯肅商量好了在可能的情況下聯合劉備、使撫劉表之衆共同抗曹的計劃。

接著劉琮降曹，曹操給孫權下戰書，說「今治水軍八十萬衆，方於將軍會獵於吳。」躊躇滿志，不可一世。孫權以書示群臣，莫不響震失色。（《三國志・吳主傳》注引《江表傳》）以張昭爲首的大臣都勸孫權投降。惟有魯肅勸孫權抗曹。孫權說：「這些人的議論，讓我深感失望；你的意見正好跟我相同，這是老天爺把你賜給我的啊！」（《三國志・魯肅傳》）

至於周瑜，是魯肅建議孫權從鄱陽招還的。周瑜也持堅決抗曹的態度，於是孫權讓他作都督，領兵三萬抗曹。但無論周瑜是什麼態度，孫權抗曹的決心是已下定了的。他對周瑜說：「你能對付得了曹操那就很好，萬一不如意，把人馬還給我，我當與曹孟德決一死戰。」（《三國志・周瑜傳》注引《江表傳》）小說演義中爲了突出諸葛亮的形象，先是讓他激周瑜，後又讓周瑜去說孫權，然後孫權才下定決心——這是完全沒有史實根據的。

其實投降也是一種選擇。甚至連孫策也懷疑江東是否有力量同曹操相抗衡。他在臨終時對張昭說：「如果不能成功，逐漸向西歸降，也是可以的。」（《三國志‧張昭傳》注引《吳厲》）所以張昭等大臣才敢於主張投降。即使爲孫權考慮，這也不失爲一條不冒風險的出路。而抵抗曹操，勝了固然是大好事，敗了就是一敗塗地，死路一條。所以，最冒風險、壓力最大的正是孫權本人。

而孫權的主意是早已拿定了的：堅決抗曹。他在群臣討論時拔刀砍面前的奏案說：「諸將吏有再說應該投降曹操的，就跟這奏案一個樣！」（《三國志‧周瑜傳》注引《江表傳》）

赤壁抗曹是孫權的人生哲學這本大書中最爲精彩的一頁。可以說，是一個人的抉擇改變了整個中國歷史。

赤壁之戰，孫權二十六歲，曹操已有五十多歲。這是一個年輕人戰勝老年人的故事。

此後還發生了一件使曹操非常震驚的事：孫權借荆州給劉備。

孫權對周瑜是十分信任和尊重的，但在軟禁劉備和借荆州的問題上沒有聽他的。劉備投奔孫權時，曹操的衆謀士都說：「孫權必殺劉備。」只有程昱認爲：「劉備有英雄之名，關羽、張飛皆爲萬人之敵，孫權必定會資助他來對付我們。」（《三國志·程昱傳》）事實果然如此。

在群雄割據的時代，地盤被看成是最重要、最寶貴的東西。割據者在有人來投時，爲了延攬人才、博取敬賢下士之名，或許可以待之以禮，甚至給以優厚的待遇，但把已據爲已有的戰略要地授之以人，在孫權之前似乎還沒有先例。沒有博大的胸懷、總攬全局的眼光、對自己力量的充分自信，是做不出這種非常人所能有的決斷的。

曹操得知這個消息，本來正在寫東西，竟吃驚得把筆都掉到地上了。（《三國志·魯肅傳》）這正是他最不願意看到的局面。恐怕原先孫權在曹操頭腦中的印象，也就只是劉琮這樣的角色，遠遠比不上他對劉備的重視。現在他不得不把孫權當作一個需要分外認眞對待的敵手了。

如果我們設想另一幅圖畫：赤壁戰後孫、劉兩家即開始火拼，孫權囚禁劉備，周瑜同關羽、張飛大打出手，……那局面該正是曹丞相所樂於見到的吧！這一切的實現與否，都掌握在孫權手中。

孫權的確是一個了不起的政治家！

沒有博大的胸懷、總攬全局的眼光、對自己力量的充份自信是做不出這種非常人所能有的決斷的。

北征西戰

事實證明，孫權聯劉抗曹和借荊州給劉備是對的。這樣就為曹操多樹了一個勁敵，為自己減輕了壓力，爭取了鞏固和發展自己勢力的時間。

從赤壁戰後到襲荊州殺關羽前這十餘年時間，孫權主要是在淮南一帶同曹操作爭奪戰。赤壁之戰尚未完全結束，孫權就親率大軍圍合肥，攻城月餘，因曹軍救兵至而退。

三年後，孫權把都城由京口（今江蘇鎮江）向西遷往秣陵（今南京）。接著又在今安徽無為縣的濡須口夾水作塢，以抗曹軍來犯。

建安十八年（公二一三年）正月，曹操攻濡須，兵馬號稱四十萬，孫權率眾七萬抵抗之，曹軍受挫。孫權多次挑戰，曹操堅守不出。於是孫權親自帶人乘輕舟由濡須口進入曹軍陣地。曹軍諸將以爲是挑戰者，打算出擊。曹操說：「這一定是孫權想親自察看我軍部署情況。」下令軍中嚴密戒備，不得隨意發射弓箭。孫權巡行了五、六里，往回走時奏起了吹鼓樂。曹操看到孫權的舟船兵器人員整齊肅然，不禁感嘆道：「生兒子就應該生孫權這樣的；那劉表的兒子，簡直就像豬狗一樣！」（《三國志·吳主傳》注引《吳厲》）

雙方相持了一個多月，孫權寫信給曹操說：「春水馬上就要來了，您最好還是盡快離去。」又在另一張紙上寫道：「您一天不死，我就一天不得安寧。」曹操對諸將說：「孫權說的是實話，不是騙我。」於是撤軍而還。（《三國志·吳主傳》注引《吳厲》）

第二年五月孫權親攻皖城，俘獲曹操派遣的廬江太守朱光及男女數萬人。後來乘曹操攻漢中、合肥守軍不多之機，孫權率衆十萬圍合肥。但這一次東吳軍進攻不利，撤軍時，孫權在逍遙津北遇險，差點喪命。

此後曹操還對濡須作過進攻，在孫權的有效抵抗下，都沒有什麼結果。

以上是主戰場的情況。

與此同時，孫、劉之間逐漸滋生出分裂和對抗的因素。

孫權原先借荆州給劉備，是希望有個同盟者，以減輕曹操對自己的壓力，使自己能有時間和機會鞏固和發展。在一定程度上他達到了這個目的。沒有劉備在漢中一帶和關羽在荆州一帶牽制住曹軍，他也不可能在淮南同曹操周旋這麼長的時間。

但是，這個同盟者同時又對自己造成威脅，阻礙甚至破壞自己的發展。

孫權借荆州給劉備後，曾約劉備共取益州。劉備欲獨取，反而假說他和劉璋是宗室，不忍相奪，並且也不讓孫權取蜀，否則他就散髮歸於山林。（《三國志·魯肅傳》）孫權派孫瑜率水軍往夏口擬獨自攻蜀，劉備卻派關羽屯江陵，張飛屯秭歸，諸葛亮據南郡，他自己住孱陵，把住路口不讓孫瑜的人馬過。（《三國志·先主傳》注引《獻帝春秋》）而他們占據的戰略要地，恰恰是孫權借給他們的。孫劉聯合從一開始就隱藏著危機。後來劉備獨自取了益州，孫權十分惱火。

平心而論，赤壁抗曹及借荆州，劉備的確是欠孫權一個人情。既得益州，就該把所借之地還給孫權。劉備說取了涼州再還，這是幾近於一個市井無賴的行爲，怎麼不讓孫權氣憤？孫劉聯盟的破裂也由此而起。

這裡有一個關鍵問題是：孫權借荊州的史實到底是怎樣的？衆說紛紜。

有一種說法是：孫權其實並沒有借荊州給劉備。如清代學者趙翼就認爲，借荊州完全是吳國君臣捏造出來的假話。（《廿二史札記校證》）我認爲，這種說法恐怕可以排除。《三國志》數傳都提到借荊州一事，劉備這一方，如劉備、關羽等都沒有否認借荊州的事實；如果根本就沒有借，那他們不都成了冤大頭了？

（《三國志·先主傳》注引《江表傳》）說，劉備從孫權那裡借了荊州數郡。但是哪數郡？卻沒有說明。從所查閱的資料看，史實應該是這樣的：赤壁戰後，劉備占有荊州的武陵、長沙、桂陽、零陵四郡，孫權占有南郡和江夏郡，曹操占有南陽郡。但劉備占有的這四郡，是比較未開化之地，不是荊州的戰略要地，所以他親自帶領人馬屯住在油江口（後改名爲公安），並以劉表舊部所附漸多，地少不足以安民爲由向孫權借地。後來孫權就把南郡借給了劉備。孫權的考慮是，南郡直接面對曹軍，可以讓劉備爲他分擔一部分壓力，他可以專心從淮南對抗和攻擊曹操。

還有一個佐證是，據《三國志·程普傳》載：周瑜死後，程普代領南郡太守。由於孫權分南郡給劉備，程普重新擔任江夏太守。

既然不能確信劉備是可靠的盟友，那就得把南郡江陵等戰略要地奪回到自己的手中。因此，在對付曹操方面，應該有適當的妥協。

基於這種考慮，孫權在建安二十二年（公元二一七年）春派人向曹操請降。曹操也派人修好，答應再次同孫氏通婚。

這預示著鼎立的三方之間的關係將有一場大變。

巧奪荊州

奪荊州而兵不血刃，是孫權有智謀的突出表現。

孫權於建安二十四年（公元二一九年）乘關羽攻襄陽、樊城之際，襲取荊州江陵、公安，殺關羽，史實是很清楚的，毋庸多敘。惟如何看待這一史實，則史家意見多不一。

趙咨說：「奪荊州而兵不血刃，是孫權有智謀的突出表現。」這話是不錯的。孫權善用呂蒙這個東吳不可多得的人才，且事先策劃周密，並親自出馬，一舉成功。從軍事行動的角度說，他是做得很漂亮的。

但意義還不在此。

鑒於孫、劉兩家關係的演變，孫權只有奪取荊州才能確保江東的安全，求得發展。這也是他原先第二步戰略計劃的實現。

起初周瑜勸孫權不要借荊州，並羈縶劉備，吞併其人馬，孫權未允，而聽從魯肅的意見，借了荊州。應該說，這一決策是正確的，反映了一個大政治家的胸懷和眼光。但事過多年之後，孫權在同陸遜談到這事時卻說：「魯肅勸他借荊州給劉備，是其短處。」（《三國志·呂蒙傳》）看來他很後悔當年的這一著棋。

問題的關鍵在於劉備一方的態度。

孫權把南郡江陵一帶戰略要地給劉備，是把他看成可以信賴的盟友。但劉備對孫權則多半看作是可以利用的對象，而且在關鍵問題上毫不講情面。如孫權提出要合力取益州，劉備拒絕；孫權欲獨取，劉備又利用孫權所借的戰略要地予於阻擋；這顯然不是同盟者應有的態度。

即使如此，後來劉備獨自取得益州後，孫權索還荊州還是比較有分寸的：他並不要求把作爲戰略要地的南郡江陵等地歸還，而只是要求以長沙、零陵、桂陽三郡作爲補償。應該說這是合情合理的，仍然把對方視爲同盟者。若劉備給了長沙等三郡，就地盤的戰略意義言，並無多少損失，而對孫權則有極大的心理安慰作用和一定的版圖利益。那麼這個聯盟還可以維持下去。

借乎劉備算盤打得太精，得了好處不讓人，不但不答應孫權的要求，還賴帳，說是取了涼州再還，也就是不還的意思。孫權大怒，令呂蒙取了長沙、零陵、桂陽三郡。劉備也調兵遣將，關羽率軍至益陽，準備大打。後因曹操入漢中，劉備怕益州有失，遂求和。雙方畫界的情況跟孫灌要求的差不多，只是少了一個零陵郡。但雙方已因此傷了和氣。

孫權不再認爲劉備是可靠的同盟者。早知如此，不如不借南郡這個戰略要地，劉備就不可能造成威脅。盟友一旦成爲敵人，就比原先的敵人更可怕。孫權的悔不該借荊州，也許就是基於這種思考。

關羽的態度也是事件發生的重要因素。

此前孫權曾派使者爲兒子求婚關羽之女。這是一種試探。而關羽的反應是「罵辱其使，不許婚」。（《三國志·關羽傳》）這使孫權進一步相信呂蒙的分析：「關羽君臣，以詐力自負，言行反覆無常，不能以眞心對待；現在關羽之所以還沒有向我們動手，是因爲我方力量尙強。」（《三國志·呂蒙傳》）

如果東吳情況一旦有變，劉備一方順江而下，關羽扼住東吳上游要地，同時曹操又趁機從淮南一帶進攻，東吳的形勢就十分危險了。鑒於這種考慮，先下手爲強，孫權作出了武力解決荊州問題的決斷。

就孫權來說，爲了保存和發展自己，這是不得不走的關鍵一步。這步棋走好了，滿盤皆活。但是，好棋同時也是險棋。

武力解決荊州問題，勢必同劉備完全翻臉，劉備必不甘心。孫權就面臨著兩面受敵、兩面作戰的危險局面。

如何在這種複雜危險的局面中求得生存，是孫權要調動他的一切智慧、勇氣、力量和手段來解決的困難問題。

屈身事魏

孫權對於時機的把握是那樣準確無誤；充分表現出一個具有雄才大略的政治家的大手筆。

孫權的一切努力都是避免兩面作戰。他達到了這個目的。

先是孫權欲攻關羽時，就寫信給曹操，以討伐關羽自效。奪取荊州後，曹操表他爲驃騎將軍，假節領荊州牧，封南昌侯，承認他占有荊州的合法地位。孫權也派人給曹操進貢。

建安二十五年（公元二二〇年）春，曹操病亡，曹丕繼爲魏王。這一年冬，曹丕稱帝。孫權派使者稱藩，並把魏國被俘大將于禁等送歸。

次年四月劉備稱帝於蜀。孫權把都城遷到武昌，準備蜀國來犯。七月劉備親率大軍伐吳。孫權遣書求和，劉備盛怒不許。

魏國這一方，在孫權遣使稱臣時，謀臣劉曄勸曹丕說：「孫權無故求降，其內部必定有危機，害怕我們乘機會攻擊，一是爲了不讓我們出兵夾攻他，二是想借我們的援助，增強力量迷惑劉備。本來吳蜀各保有一州，有危急相互救助，這正符合它們小國的利益；現在它們自相攻殺，是天要滅亡它們，應該派大軍直接渡江襲擊東吳。蜀方攻其外，我方攻其內，東吳的滅亡也就是十天半個月的事。吳亡，那麼蜀也就不能久存了。」（《三國志·劉曄傳》注引《傅子》）

但曹丕沒有採納這個建議，而接受了東吳的投降。劉曄又動諫曹丕不要封孫權爲王，說：「王位離天子之位只有一等，現在相信他的僞降，給他這麼高的位號，這等於是爲虎添翼。」曹丕也不聽。（《三國志·劉曄傳》注引《傅子》）

這一年十一月，孫權被封爲吳王。

若曹丕聽了劉曄的建議，趁孫權與劉備激戰的時候夾攻東吳，恐怕整個中國的局勢又會兩樣。

孫權的主動稱臣滿足了剛剛登上皇帝寶座的曹丕的虛榮心。

孫權自己卻沒有什麼虛榮心。對於魏國的封號，群臣以爲應該拒受，宜稱上將軍九州伯。孫權說：「九州伯？從來沒有聽說過。以前沛公劉邦也受項羽封爲漢王，這是當時的形勢不能不這樣，那又有什麼損害呢？」（《三國志·吳主傳》注引《江表傳》）在孫權看來，只要受了魏國的封號，曹丕即使不來救吳，至少不會隨便攻擊吳國。孫權所希望達到的，就是這個目的。別說曹丕已給了他個吳王，就是按劉曄的話只給他個十萬戶侯，他也會接受的。

孫權盡可能地滿足曹丕的要求，以爭取同劉備作戰的時間。這一年曹丕派人索取雀頭香、大貝、明珠、象牙、犀角等珍玩。群臣上奏說：「荊州、揚州兩地進貢是有規定的，魏所要的珍玩之物不合於禮，不應該給。」孫權以古論今，說：「過去惠施尊稱齊爲王，有人詰難他說：『你的學說是去尊，現在又尊齊爲王，怎麼自己顚來倒去的？』惠子說：『有人在這裡要打我愛子的頭，而石頭可以代替之，那麼我兒子的頭就是重的，而石頭是輕的，以輕代重，有何不可？』現在西北一帶正有大事，這江東的百姓，靠我們爲生，不是我的愛子嗎？對方所要求的，在我看來就如瓦石一般，我有什麼好可惜的呢？對方正在居喪之中，而來索取這些珍玩之物，哪裡可以跟他們談什麼禮呢？」於是全部滿足了曹丕的要求。（《三國志·吳主傳》注引《江表傳》）

但是，一切退讓和忍辱負重都是有限度的。

在陸遜大破劉備於夷陵之前，曹丕一直要求孫權送兒子作人質。這是孫權完全不能同意的。送了人質，就失去了獨立性，就受制於人，這個道理古今皆同。但不送人質就會引起曹丕的懷疑和不滿。爲解決這個矛盾，孫權想盡了一切辦法。

他同原被俘的魏國護軍浩周拉上了關係，託他回魏後在曹丕面前美言。曹丕問時，浩周果言孫權必臣服。曹丕相信了浩周的話。他自立爲皇帝後，遣使以孫權爲吳王，派浩周與使者同往。浩周在私宴時對孫權說：「陛下不相信您會派兒子入侍，我以全家百口明確擔保之。」孫權指天爲誓，並流涕沾襟。（《三國志·吳主傳》注引《魏略》）這應該是孫劉之戰進入最緊張的時候。

及至夷陵大戰結束後，孫權寫信給曹丕和浩周，再三表明願送兒子，只是需要一段時間。並裝成煞有介事的，說是讓張昭、孫邵兩個重臣送兒子來並作輔導，又說希望能爲兒子求曹氏婚配。（《三國志·吳主傳》注引《魏略》）這一切都是爲了更多地爭取時間。在這段時間他有兩方面的事情要做：一是備戰對付曹軍來犯，二是爭取同蜀國恢復盟好。

從頭一年七月劉備開始來犯吳境起，到第二年九月魏派曹休等進攻，孫權贏得了寶貴的一年多時間。這期間如果孫權應對不當，眞有可能被兩方夾擊，三國鼎立的歷史也許就要重寫了。

實際上此時期孫權在軍事上所冒的風險，並不如外交上的風險大。夷陵之戰比赤壁之戰好打得多，力量對比也不懸殊。當然，要打勝仗還得選一個好的主將，而陸遜足當此任。加之劉備戰略指揮嚴重失誤，這一仗吳國是勝券在握了。

《三國演義》出於崇劉輕吳的傾向，把這一段歷史寫成劉備一開始大敗孫恆、朱然、韓當、周泰，殺甘寧和潘璋，「威聲大震，江南之人盡皆膽裂，日夜號哭」。孫權驚慌不已，派人求和，願意奉還荊州。（見第八十三回）這完全是憑空杜撰的。

實際情況是：開始時雙方先頭部隊小有接觸，蜀方取勝，由巫縣推進到秭歸。然後兩軍於猇亭一帶相持達七、八個月之久，陸遜乘劉備「捨船就步，處處結營」，士兵疲備，心無鬥志之機，火燒連營，大敗蜀軍。

劉備敗守白帝城後，吳國諸將都要求接著進攻，擒獲劉備。孫權沒有同意，認爲曹丕興師動衆，假借幫助討伐劉備的名義，其實內中包藏禍心，是衝著吳國來的，於是採納了陸遜等人的意見，決定撤軍。沒多久，魏軍果然向吳國三方出擊。（《三國志·陸遜傳》）

在魏國派兵來犯二、三個月後，孫權同劉備取得初步諒解，開始和好。

觀察這一段歷史，我們不能不嘆服孫權對於時機的把握是那樣準確無誤；或和或戰，或進或退，聯此攻彼，聯彼攻此，縱橫捭闔是那樣應付裕如；充分表現出一個具有雄才大略的政治家的大手筆。

稱帝登基

孫權縱橫捭闔是那樣應付自如，就連稱帝時機之掌握，亦是那樣準確無誤。

吳國黃武二年（公元二二三年）三月，魏軍的威脅基本消除。四月，群臣勸孫權即皇帝位，孫權不同意。他的考慮是，雖然吳國已與魏破裂，不必再稱臣和受其封號，但稱帝這一舉動勢必會激起曹丕的強烈反應，魏國的進犯雖已被遏制，戰禍猶未盡除；同時也會招致以正統自居的蜀國的不滿——當時吳國同其通好、恢復結盟的工作還剛剛開始。此時稱帝時機還不成熟，所以孫權拒絕了，雖然成就帝王之業是他一生追求的理想；但「欲速則不達」他一直牢記這句話。

孫權在向群臣推辭時說：「前年我接受了北邊的封號，雖然內心明知他有要挾之意，但若不接受，就等於折辱了對方，而促使他更快地向我進攻，這樣就會同西邊一起來攻。兩處受敵，這對我來說是太難對付的事，所以我壓抑自己，接受了封號。這當中低下屈就的意義，各位似乎不一定都清楚，現在我在這裡解釋一下。」（《三國志·吳主傳》注引《江表傳》）

我想，孫權已經說得很清楚了。

同年年底，蜀國派鄧芝來進一步修好。

此後曹丕數次御駕親征吳國，都沒有成功，最後望江興嘆：「彼有人焉，未可圖也。」撤軍而還。（《三國志·吳主傳》）

外患已經減輕，孫權把重點放在內政上。

內政之中，丞相人選是關鍵。黃武四年（公元二二五年），丞相孫邵去世，需確定新的人選。衆人意見是張昭。孫權定的是顧雍。

以前首次置丞相時，衆人都認爲應當是張昭，孫權說：「現在正值多事之秋，擔任這個職務擔子是很重的，並不是設來作優待的。」於是就用了孫邵。（《三國志·張昭傳》）

此次百官又都舉荐張昭，孫權說：「我難道是捨不得把這個職位給子布嗎？擔任丞相的職務是一件很煩雜的事情，而此公性情剛烈，所說的如果不聽，就會產生怨恨，這樣安排沒有什麼好處。」還是用了顧雍。（《三國志·張昭傳》）

顧雍實在是最適合擔當丞相的人。王夫之在《讀通鑒論》中指出，蜀漢占有正統的優勢，魏國占有力量強的優勢，吳國在這兩方面都無法匹敵，但能夠與它們三足鼎立而不相上下，是因爲吳國有人，這就是顧雍，其才能足以同諸葛亮相媲美。立國之始，宰相是國家安危的關鍵，吳國不用張昭而用顧雍；顧雍本應該是泱泱大國天子之大臣，由於時勢所限才成了偏安之國的宰相。

顧雍言語不多，行爲謹慎，用人只看他的才能而沒有偏見。他體恤老百姓的疾苦，了解施政的得失，所提建議若被採用，則歸之於上面，不用，從不說出去。對於邊將提出的小功小利之策，他都建議不用。

王夫之說，顧雍當丞相，又有陸遜以寬仁濟之，自漢末以來，數十年沒有屠掠之慘，亦無苛繁之政，百姓休養生息，只有江東才有這種局面。惜吳國沒有蜀漢的正統，魏國的強大，而最後只有一隅之地。不然的話，足以平定天下了。

這的確是至論。唯獨沒有把孫權對吳國這種大好局面所起的關鍵作用說出來。這也許是因為王夫之本人仍有以漢為正統的思想，所以大讚吳國其臣，不讚其君。然而在那個時代，無明君豈有賢相？不是孫權力排眾議，捨張昭而用顧雍，顧雍如何能顯示其才能？這裡又一次表現出孫權知人善任的特長。用周瑜、用魯肅、用呂蒙、用陸遜、用顧雍、……正是這一系列的用人得當，才換得內部的穩定、鞏固和發展。

第二年春，孫權下令各州郡，實行寬緩政策，讓人民休養生息。當他接到陸遜因缺糧請下令諸將開荒擴大農田的上表後，不但答覆說好，還表示要親領一份公田的任務同眾人同樣地從事勞作。

此後孫權又同陸遜等商討了「施德緩刑，寬賦息調」的問題。他一方面闡明和堅持了自己的看法，另一方面又對不同的意見給予尊重，下令有關部門根據諸大臣的意見對法令條規進行適當修改。

兩年後孫權以陸遜爲大都督，率軍與魏國大司馬曹休作戰，獲取重大勝利。

次年（公元二二九年）春，公卿百官都勸孫權正式稱皇帝的尊號，四月，孫權在武昌南郊即皇帝位。這離上次群臣的勸位已有整整六年。

在這六年中，吳國由對魏國的被動防禦變爲主動進攻，並取得重大勝利；同蜀國的關係是前所未有的好，相互取得完全信任。在吳國內部與民休養生息，鼓勵農耕，國力漸強，相賢將勇，政通人和，可以說是吳國的極盛時期。孫權此時登上他畢生追求的皇帝寶座，應該有一種強烈的成功感。

六月，蜀國派使者慶賀。孫權與蜀國約定共分天下：豫、青、徐、幽四州屬吳，兗、冀、并、涼四州屬蜀，司州之土，以函谷關爲界。並定盟誓，其中寫道：「若有害漢，則吳伐之；若有害吳，則漢伐之。各守分土，無相侵犯。」

九月孫權把都城由武昌遷回建業。這說明一個鞏固的吳、蜀聯盟已經確立。

晚年過失

「月滿則虧」，達到極盛的頂點也就是開始走向衰亡。一個人是這樣，一個國家也是這樣。

孫權自吳黃龍元年（公元二二九年）四月即皇帝位，至太元二年（公元二五二年）四月病逝，在位整整二十三年。

這期間，總的來說，吳國還是延續著一種開拓、發展的局勢。但這種發展有點像憑慣性上坡的車子，雖然仍在向上，速度卻因阻力越來越慢。孫權本人有幾次決策和用人上的嚴重失誤，對吳國形勢產生重大影響。

誤信公孫淵

吳嘉禾元年（公元二三二年）十月，魏遼東太守公孫淵遣使稱臣於孫權，並獻貂馬。孫權十分高興，加封公孫淵爲燕王。次年三月，孫權派太常張彌等領兵萬人，帶著金寶珍貨、九錫備物，護送來使，渡海授予公孫淵。吳國舉朝大臣，自丞相顧雍以下都勸諫以爲不妥，公孫淵不可信，給他的待遇太過分了，只需派數百名一般官兵護送來使即可。孫權始終不聽。結果上了公孫淵的大當。公孫淵殺了張彌等，並把首級送到魏國，把吳國全部人馬和物資收爲己有。

孫權聞之大怒，要渡海親征公孫淵，經群臣再三勸諫才作罷。如果這次孫權仍要一意孤行，泛海而征，其結果恐怕會跟劉備的夷陵之敗一樣慘，吳國的國勢穩不穩就是一個問題了。幸好他沒有一錯再錯，吳國百姓免除了一場無謂的大規模血光之災。

任用呂壹

孫權在一段時間對校事呂壹十分信任，用他來監督、考察和舉報百官。校事一職相當於明朝的廠衛，用現代的話說就是特務。而呂壹其人生性苛刻殘忍，用法嚴酷狠毒。他以權謀私，擅作威福，製造了大量冤案，自丞相顧雍起，文武百官，幾乎沒有一個不被他羅織罪名，密報誣告的。太子孫登多次向孫權進諫此事，孫權根本不聽。於是大臣們都不敢再說什麼。這樣的結果是，舉國上下，人人自危；君臣之間，離心離德，隔閡日深；那種政通人和的局面不再存在。若長此以往，可能導致吳國政局的徹底崩壞。

後來還是孫權自己覺察到呂壹的種種罪行，依法處死了他。赤烏元年（公元二三八年），孫權在誅殺呂壹後，向文武諸大臣承認了自己的錯誤，深刻地責備自己，表達了歉意，並徵詢他們對於政事的意見。這樣君臣之間的緊張關係才得到緩和，逐漸恢復正常。

立嗣問題

吳國太子孫登病亡後，孫權於赤烏五年（公元二四二年）立子孫和為太子。同年又立子孫霸為魯王。

本來太子孫和的言行品格沒有什麼越軌不妥的地方。只是孫權的妹妹全公主同太子的母親王夫人有矛盾，怕太子將來繼位後對她不利，就想方設法在孫權面前進讒言。正巧孫權患病，孫和到廟中為父親的病舉行祠祭，而孫和妃子的叔父張休的家就在廟附近，張休曾邀請孫和到他家去。全公主派人暗中監視，於是告訴孫權說，太子不在廟中，一直在妃子的家中商量什麼；又說王夫人看到孫權生病，面有喜色。孫權聽了大怒，王夫人因此憂懼而死；而孫和在孫權心目中開始失去愛寵，他擔心自己會被廢黜。

魯王孫霸想藉此機會與太子爭寵，取太子而代之，於是有意在大臣中培養自己的私黨。朝中大臣分爲兩大派，分別擁護太子和魯王。吳國出現因立嗣而產生的分裂局面。孫權對此深感憂慮，他對侍中孫峻說：「子弟之間不和，臣下分成黨派，將來會有袁紹死後袁譚、袁尚二子爭位的敗壞局面，成爲天下的笑柄。隨便立哪一個，都會全國大亂。」（《三國志·吳主五子傳》注引《江表傳》）

在孫權沉吟考慮此事、未作最後決斷之時，魯王一黨在下面加緊了活動，而擁太子派則不斷地上奏陳嫡庶之義，有的甚至用泥塗在自己的頭上，把自己捆綁起來，向孫權請願。孫權十分厭惡，最後終於大怒，於是下令廢掉太子孫和，賜死魯王孫霸。兩方大臣都有許多被誅殺流放。這是赤烏十三年（公元二五〇年）的事。這年十一月，立子孫亮爲太子。

因立嗣引發的這一事件，對於孫權個人來說是一場家庭悲劇，對吳國來說也是一場災難：數十名大臣或死或徙，甚至連丞相陸遜也因爲太子說話，而被孫權嚴厲責備，憂憤交集而死。

釀成這一災禍的根源，在於孫權偏聽讒言，無端地產生廢太子之心。以後的一切矛盾，都由此而生發。

此後不到兩年，孫權病逝，享年七十一歲。

一生以知人善任著稱的孫權，最後竟以不能正確認識自己兒子的敗筆，爲自己的生命畫了一個句號，眞讓人感嘆不已。這也許正應了宋人蘇軾的那兩句名詩「不識廬山眞面目，只緣身在此山中」吧！

蓋棺論定

冒險、開拓、尚勇、好武，是一個開國君主必備的品質。

我們沿著時間順序瀏覽了孫權的一生。現在可以總括起來評說一下。

孫權十八歲爲江東領袖，一直到他去世，在位長達半個多世紀。他的一生是一個政治家、軍事家的一生。戎馬倥偬，運籌幃幄，計議決策，任免獎懲，是他日常事務和生活的基本內容。而他的優點和缺點、成功和失敗、美德和惡行，也主要體現在這些事件之中。

孫權年輕時就有縱橫天下與群雄爭衡的志向，以成就帝王之業爲自己的人生目標。他終其一生都在爲實現這一目標而奮進，不知停息，沒有滿足。

史家通常認爲孫權君臣偏安於江東，不思進取，以保守爲目的。這是不正確的，恐怕是只見其現象而未識其本質。孫權未能一統天下，最終偏守一隅，這是條件使然，不是他無此志。恰恰相反，他在這方面的追求有時似乎太過分了，從而造成一些失誤。如受騙於公孫淵，就是他的好大喜功的心理所至。

孫權在大事上很有主見，明於決斷。在關鍵性的時刻他能夠不爲衆多錯誤的意見所動，斷然堅持自己正確的主張，如赤壁抗曹。有時眞理在他一個人手上時，他也敢於堅持。吳赤烏七年（公元二四五年），諸將報告說蜀國背盟要勾結魏國攻吳，說得有根有據的。孫權仔細分析了情況後認爲不可能有這回事，於是拒絕了諸將防禦蜀國來犯的建議，並以自毀全家擔保。後來事實證明他的判斷是正確的。

有主見、不爲衆議所動，本是雄略之主應有的素質，但缺點往往同優點糾纏在一起。孫權也有因固執己見、不聽勸諫而昧於決斷的時候，如誤信公孫淵，又如立嗣問題。

善於用人，是史家一致肯定孫權的一大特長。孫權善於識別人才、培養人才，把他們放到重要職位上大膽使用。他用人不疑，對部下不求全責備，能容人之過同時又賞罰分明。他能虛心接受臣下的意見，善於採納衆議之長，不因人而廢言，也不因言而廢人。一旦認識到自己是錯的，他就敢於在臣下面前承認並改正。他那坦率認錯的態度在帝王中是不可多得的。

孫權也有用人不當的時候，如誤用呂壹這樣的奸佞之人，幾乎壞了吳國的大局；又如對於張溫這樣的難得之才，他因偏信衆人誹謗而終身不用。一個人的任何一種優點都不是絕對的。

孫權富於冒險精神，尙勇好武。他喜歡騎馬射虎，史書上有他刺傷並生擒老虎的記載。他也喜歡親率士卒，衝鋒陷陣，或到前線親探敵情。他的冒險精神尤其體現在他的重大決策上。赤壁抗曹、襲取荆州、降魏拒劉，都是要冒很大風險和需要很大勇氣才能作出的抉擇。

史家或有未注意到這一特點的，或雖然注意到了，卻把它看成缺點的。如說孫權同他的父兄一樣，脫不掉果佻輕率的性質，而其父兄均因此而隕命。

實際上，冒險、開拓、尙勇、好武，是一個開國君主必備的品質。缺乏這一方面的精神，就難以打開局面，同天下群雄爭衡。當然，無謂的冒險應該盡量避免。孫權在這一方面雖然也有過分之舉，但並不完全是逞匹夫之勇。

孫權的另一個特點是能夠忍辱負重。《三國志》作者把他比作臥薪嘗膽的勾踐。這特別表現在他爲了對付劉備的進攻而屈身事魏的那一時期，能夠忍受常人所不能忍受的東西。另外，孫權對於臣下對他的不敬和犯顏直諫，也大都持寬容和原諒的態度。同時他在對待盟國的態度上，也是盡可能地求同存異，寬容待人。這些都體現了一個成熟的大政治家應有的風度和氣量。

與此形成對照的是他性格的另一方面：他有時也會大怒而失去對情緒的控制。這時候往往會造成決策或決定的失誤。晚年在立嗣問題上的一些決斷就是在大怒的情況下作出的，帶來的後果是嚴重的甚至是無法彌補的。人的性格的兩面性在這裡生動地表現出來。

孫權同他的臣下之間有一條深厚的感情紐帶維繫著。這是他能夠同勢力強大的魏和以正統號召的蜀相抗衡的主要力量。在這一方面，不但曹操無法同他相比，就是劉備也顯得十分遜色。孫權對待臣下不只是利用的關係，是有一種眞情的、一種類似骨肉至親的感情。在這一方面體現了他對人的尊重和平等精神。

但這種感情又是政治化的。這使得孫權在富有人情味的同時，又有著某種人性的扭曲。這特別表現在他對待自己的兒子的態度上：他廢了一個兒子的太子位，又賜了一個兒子死。他在待臣下如骨肉的同時，又把自己的骨肉首先當臣下看。其中的恩恩怨怨，正構造出一個複雜立體的孫權。

三國的幾個開國君主都很節儉，而孫權尤甚。他在衣食住行幾方面都十分自我約束。他的主導思想是君非民不立；作君王的應該以民爲本，愛惜民力，體恤百姓，讓他們安居樂業；這樣才能得到人民的擁戴，國家才能久長。吳國在三國中立國的時間最爲長久，應該與孫權具有這種思想分不開。

但孫權爲了備戰，爲了在可能的情況下向外擴張，對百姓的賦稅徭役並不是很輕。他常說，勞煩百姓，實不得已。雖不得已，這還是加重了人民的負擔。此外，他在刑法的制定上也是比較嚴厲的。愛民和勞民這一對矛盾，在孫權身上有鮮明的體現。

孫權能夠成爲一代雄略之主，跟他勤奮好學分不開。他喜好讀書，勤於思考，並能夠運用所學的東西在自己的事業上。在他同臣下的談話中，在他的詔書裡，可以找到許多引經據典的地方。他不但自己好學不倦，還勸勉部下學習。呂蒙就是在他的教誨和培養下成長起來的傑出人才。

以上我們提要地對孫權的一生作了總結，也算是蓋棺論定吧。

要深入了解一個歷史人物，特別是像孫權這樣個性複雜而又擁有衆多史料的人物，就如同開採一口蘊藏豐富的油井，我們越深入挖掘，就越會感到其內涵之豐富，取之不盡，用之不竭。但作爲一本書中篇幅有限的一章，〈話說孫權〉也只有在這裡打住了。

立志篇

假如孫策不死

一個人來世上走這麼一遭，總得把自己的獨特之處痛快淋漓、充充分分地表現出來。這就是人生要立下的根本志向。

這個題目很有意思。

孫策之死對於孫權是一個機遇，使他成爲江東之主。

假如孫策不死，孫權就當不了江東領袖，我們這本書的題目也許就要改寫爲「孫策的人生哲學」了。

但問題不在這裡。問題是孫權會怎樣。

我想，孫權還是孫權。

這就是說，他的地位變了，在漢末三國的歷史上唱不成主角，但他仍會有不凡的表演。因爲他是一個有著遠大人生志向、並懂得怎樣去實現這個理想的人。

他多半會成爲孫策的一個得力助手，與其兄共建大業。歷史也會好好地記他一筆。

歸根結底，機遇並不能夠決定一個人。決定一個人的是他自己確立的志向和朝著這個志向的努力。

不知讀者朋友是否常常有這樣的嘆息：自己的運氣不好，未逢機遇，條件有限，因此做不出什麼事業來？

恐怕這些嘆息都是沒有必要的。

天生我才必有我用。

一個人來世上走這麼一遭，總得把自己的獨特之處痛快淋漓、充充分分地表現出來。不然就枉為人一場。我想，這就是人生要立下的根本志向。

一般說來，地位較高、機會較好的人可以對社會作出較大貢獻；而地位較低、缺少機會者對社會影響的層面就要小一些。但這種比較有個前提，就是兩者的志向、品格、能力等等是在同一水平上。否則就無法相比。

劉備、劉禪為君，諸葛亮為臣，地位有高下之分，而蜀地百姓至今仍盛讚諸葛武侯的美德懿行，對劉備則較為淡漠，至於劉禪就更不在話下了。

可見最根本的東西不是地位和機遇。

沒有遠大的志向，沒有實現這個志向所必須的修養和才能，即使機遇向你敞開了大門，你也難以登上人生最高的殿堂。

三國時代，類似孫權得到的機遇也給了劉焉的兒子劉璋、劉表的兒子劉琮這樣一些人，但他們的業績和個性的表現怎能同孫權相比呢？

機遇機遇，可遇而不可求。而人的志趣，修養、能力卻可以透過自身努力不斷提高。我們應該緊緊地把握住這些內在的東西。

人作爲個體而存在，他有著其他任何人都無法取代的個性，具有獨立存在的價値；在這一點上，歷史對於每一個人都是公平的。

我說朋友，與其不停地哀嘆自己生不逢時、命運不濟，不如靜下心來，結合自身的實際境況，勾畫出一個最能表現自己個性、最能表演人生的方案，同時努力去實現它。在這一方面，歷史給予每一個人的機會都是均等的。

我們何不緊緊把握住它！

孫權的長相

什麼長相，什麼骨架，什麼手紋，什麼生辰八字，……它們與命運何干？人的命運就操縱在自己手中。

孫權的長相，其實不能說有多好看。

史書說他生得「方臉大口」；而孫策則是「美姿顏」，弟弟顯然長得比哥哥差多了。

有個叫劉琬的漢朝使者見了孫氏兄弟後，對人說：「我看孫氏兄弟雖然各自才華出衆，通達事理，但都壽命不長。只有老二孫權形體魁偉，面貌奇特，骨架不凡，有大貴的表相，壽命又最長，你們記住我的話吧！」

這一年孫權才十六、七歲。

這是正史上記載的。看來就是上了史書的東西也不能完全當眞。

從一個十幾歲少年的相貌上就能判斷出他的一生，富貴榮辱、壽命長短都能算定。你相信嗎？

這則史料應該是後人附會編造的話。一個人成就了大業，對他的神化就隨之而來了。好像他的成功眞有什麼必然性，他是注定要成功的，眞的有什麼眞命天子、眞命英雄。

其實哪有什麼定命和必然性呢？

孫權一生中有多次遇險，如少年時遭到數千山賊襲擊，三十二歲時在逍遙津被曹軍追殺，每一次都有喪命的危險。只是他的運氣比哥哥好，沒有死成罷了；如果他死了而孫策不死，史書上恐怕又會編造些孫策好長相的鬼話。

我原以為這些話只是古人的愚昧和迷信，孰知今人並不比古人聰明多少。現在到街上一走，看相算命、求簽問卜的就很不少。更有甚者，電腦算命也很流行，還有拿著營業執照，打著什麼「科學研究」的招牌，堂而皇之地開店算命，據說生意很好。

看到這些情景，我每每有一種無法言說的滑稽和悲哀的感覺——是黑色幽默？

莫非人的那種原始的宿命觀永遠不能消除麼?莫非人非得靠一個身外之物才能安妥自己的靈魂?莫非人在精神上始終只是一個低能兒或弱智者?

我很想向那些沉溺於現代迷信的人們喊一聲:你們感到神秘而不可解的定命其實就是你們自身也具有並且隨時可以把握的創造性!你們視爲身外之物的東西其實就在你們體內!你們仰望崇拜的那些偉人、英雄、明星、大款(有錢人)、超人、……其實就是你們自己!

人之爲人,不同於一塊石頭、一棵樹或一匹馬,他的一切都有待於生成,他總得不斷地創造自身,不斷地形成價值,在這個過程中也就造就了自己的命運。那些看來交了好運、冥冥中似乎有神助的人們,如果你深入到他們的生活中去,就會發現,他們的成就只是他們不斷努力的結果。而這種努力,是我們每個人都可以做到的。

人沒有定命,定命是一種假象。

什麼長相,什麼骨架,什麼手紋,什麼生辰八字,……它們與命運何干？

從根本上說，人的命運就操縱在自己手中。

且讓我們去做命運的主人，而時時小心不要被它奴役！

人生早立志

人生苦短，立志在早——「莫等閒白了少年頭，空悲切」。

孫權繼爲江東領袖兩年後，面臨著一個重大決策：曹操要他把兒子送去做人質。

張昭等大臣猶豫不能決，而孫權心中已有主意，於是單獨召來深知他心意的周瑜，在母親面前作了決定，拒絕送人質。

此時孫權二十歲。

六年後，孫權力排衆臣投降的意見，作出赤壁抗曹的決定。

到了四十歲，爲對付劉備的進攻，孫權向魏國稱臣；曹丕又要他送兒子當人質，否則就要出兵征討。孫權仍然沒有送，雖然當時吳國的處境危險萬分。送人質就意味著眞正的臣服和投降。孫權不會有這種選擇。後來的選擇是以前的繼續。孫權的決心在二十歲時就下定了。

人生苦短，立志在早——「莫等閒白了少年頭，空悲切」。若不早立人生奮鬥的目標，就會錯過爲數不多的重大機會和際遇；到時候再想回頭，悔之晚矣。孫權若非早有大志，群臣建議投降時，他也許就糊裡糊塗應允了。這樣，歷史上出現的，將是另一個孫權。

早定人生大志向，才可能充分利用一個個機遇，實現人生價值。而要選準人生目標，就要對自身的個性、特長、適於發展的方向等等有清楚的認識。

這歸根到底還得靠自己來把握。因爲只有自己才最了解自己。特別是潛藏在內心深處的那股創造衝動，那股指向某一特定目標的強烈衝動，只有本人能夠深切體會得到。旁人說三道四，指手畫腳，雖可參考，不足爲憑。

二十歲的孫權，不要說曹操沒有把他當回事，就是他的部下，除周瑜、魯肅一、二人外，也都未能了解和認可他成就帝王之業的志向。

他只能暗自下定決心。

恰恰是在一件事情還看不出有什麼成功的可能時，立定志向才需要有過人的膽識。看來早立人生大志向也不是很容易的事。

當然，隨著時勢的推移，一個人年輕時定下的奮鬥目標會有所修正和變化，但基本的東西不應改變，這就是當初確定的大致努力方向。否則人生就是一場失敗。

人生不應該是一場失敗。這就要求我們早立人生大志向，立準人生大志向，並始終不渝地朝著這個目標努力奮進。

人生就像一場長跑比賽，起步太晚就必定落後；沒有確定的方向，漫無目的地四下亂跑就更無成績可言。

願我們的青少年朋友早立人生大志，在人生起跑線上率先起步！

願我們的中老年朋友在人生中途不改少年初衷，沿著既定的方向堅持跑下去！

待到跑至人生頂點，回頭一看：「會當凌絕頂，一覽衆山小。」那時，你就會感到，人生是多麼愜意！

超越偶然存在

人是一個偶然的存在。同時又是一個超越偶然的存在；而超越就是用自身的活動和創造性使自己變為必然的存在。

孫權成爲江東之主，決定於孫策受傷死亡這一偶然事件。

孫權後來在位五十餘年，開創了吳國大片基業，成爲與曹、劉三足鼎立的雄略之君主，這就不只是偶然性因素在起作用，而毋寧說是他超越偶然性的結果。

人是一個偶然的存在。

一個人出生在這個世上，對他來說是偶然的；他出生後面臨的種種境況對他來說也是偶然的；家庭、童年生活、所屬階層、所處時代、文化氛圍、……他也可以面對著另一些完全不同的境況。一場大病、一次車禍、一個人事變動，……都可能從根本上改變一個人的命運。

所以有哲人說，人是被拋進這個世界的。我覺得這話說得抽象。人的確是被拋進這個世界的。

人同時又是一個超越偶然的存在。

這種超越就是用自身的活動和創造性使自己變爲必然的存在。

孫權初爲江東之主，曹操等群雄根本就沒把他放在眼裡，他在當時政治舞台上只是個無足輕重的角色。爲什麼?他的江東領袖地位是靠偶然事件得來的，什麼都說明不了。他也完全可能因爲某種偶然事件而下台。

此後的情況就不同了。他討伐李術征殺黃祖、赤壁抗曹、濡須對敵、巧奪荆州、夷陵敗劉、……靠的是自己努力一步步確立了舉足輕重的政治地位，成爲三國時代數一數二的風雲人物。

一部沒有孫權的漢末三國史顯然是不可想像的。孫權超越了偶然性而成爲必然的存在。

人既是一個偶然的存在，又是一個超越偶然的存在。

由此看來，大自然對人還是公平的。它既使人處於一個充滿偶然性的世界裡而漂浮不定，又使人由這種偶然和不確定性而可以自由地創造自己的未來。

我們一旦領悟了人生的這種根本境況，就不會把偶然性看成一種在決定我們命運的力量，而會像孫權那樣，把每一個偶然的機遇都看成超越的契機，緊緊抓住它們，也就是把命運緊緊掌握在自己手中，透過有意識的努力把這種偶然的機遇變爲必然的存在。

我們永遠處於一個偶然的世界之中，我們又永遠處於不斷超越偶然的狀態。人的這種境況直至生命終結。

認識不到這種人生根本境況的人往往把必然性歸結爲宿命、定命、外在的東西，多麼荒唐可笑！必然性就是我們對偶然性的超越，必然性就掌握在我們自己手中。此外再無任何必然性。

是的，我們是被拋進這個世界的，但同時它也就成了我們的世界！

眼高還須手不低

集腋成裘，積細流以成江海。勿以惡小而為之，勿以善小而不為。

努力實行，必有所成！

孫權十八歲接任江東領袖後，魯肅為他分析策劃說，當今之世，漢室不可能復興；曹操就如同當年的項羽，孫權應該像漢高祖那樣利用各種機會，逐漸建立帝王之業。

本有稱雄天下之志的孫權，很讚賞和同意魯肅的話，因此厚待魯肅；同時他對魯肅說，這個目標還不是一下子就可以達到的。他首先要做的是把江東的地盤治理好。

孫權既胸懷大志，又不好高騖遠，而是腳踏實地，從小事做起，從頭做起，「招延俊秀，聘求名士，分部諸將，鎮撫山越，討不從命」，一步一個腳印，最後終於實現了他的人生目標。

人在年輕時，爲這樣那樣的因素所激勵，往往會有較大的志向，甚至以爲天下捨我其誰，自負得可以。但志向遠大者固然不少，其中眞正能夠踏踏實實埋頭苦幹的人卻不是很多。

相對而言，立下一個理想目標較爲容易，而要實現它可就難得多。

理想是美好的，前景是誘人的，學古人去做南柯一夢也是很舒服的。而要朝著這個目標從一點一滴開始，從樁樁件件小事做起，就沒有那麼輕鬆愉快了。

一件件事務的完成是那麼瑣碎繁雜，一道道關隘的通過是那麼艱難費勁，一個個歲月的周轉流逝是那麼單調乏味，這裡並沒有多少激盪人心的大起大落和轟轟烈烈。慢慢地，厭煩和無聊悄然湧上人們的心頭。對於許多人來說，在落實理想和人生目標的過程中，它們逐漸失去了原有的那種激動人心的光環，顯得平常凡庸。

於是他們覺得把人生這樣花費太不划算，不如再進入一個新的白日夢之中；這樣一來，他們避免了一事無成的內疚，在夢幻中繼續著他們的自得感。

實際上變得平常凡庸的是他們自身的行爲，而不是理想和目標；他們的失算恰恰在於他們自以爲不划算的地方。

許多人對於自己人生理想和奮鬥目標的實現，往往希望畢其功於一役，一舉成名天下知。他們小事不屑爲之，只等著那做大事的機會。

他們自以爲手不低，才很高。殊不知小事不常做，大事也未必做得來。孫權若不是靠著討李術、鎮山越、征黃祖等多次大小不等的戰役的鍛鍊，八年來積累下豐富的戰鬥經驗，怎能在赤壁一舉大敗強敵，使曹操再也不敢小瞧他，爲以後的帝王之業奠定基礎？

把一生的希望只是寄託在一、兩次偶然的機遇上，一擊不中，受到挫敗，就會完全垮了下來，頹喪悲觀，難以再思振作。這適足爲眼高手低者戒。

只有靠不間斷的努力，不停的鍛鍊、實踐和創造，不放過每一個可以實現自己理想和目標的機會，才可能做到眼高者手不低，志大者才不疏。

集腋成裘，積細流以成江海。勿以惡小而爲之，勿以善小而不爲。這些個道理也許我們每個人都懂，但要實行起來，恐怕就沒那麼容易了。

眼高還須手不低——知之易，行之難。

惟其如此，努力實行，必有所成！

強出頭的孫權

知其不可為而為之，乃可為也！人生就應强出頭！

縱觀孫權的一生，似可用三個字來概括：強出頭。

按明清學者王夫之所說，孫權既無曹操勢力強大的優勢，又無劉備爲漢室正統的優勢，純粹是靠自身的能量在拚搏，因此他能取得與曹、劉三足鼎立的地位殊爲不易，是他強出頭的結果。

孫權直至晚年，終其一生，明知曹魏的力量比他強大得多，仍然隨時尋機與之對抗和爭鬥。他是知其不可爲而爲之。

三國還有一個諸葛亮，其心態頗似孫權，他說：「鞠躬盡粹，死而後已！」此言遂成表達那些「強出頭」者心境的千古名句。

我們從三國這一代風流人物身上感受到一種悲涼蒼茫的情緒。

事實上人生本身就是「知其不可爲而爲之」，是強出頭的事情。

人生於自然，又回歸自然，人具有自然性。自然性就是旋生旋滅，從來處來，到去處去，如此而已。這是最根本意義上的天人合一，不管人願不願意。

另一方面，人生在世，又想抗拒這種無意義的本然生活，想脫離自然界，創造一個人化的自然，留下一個不同於自然性的意義，全部人類文明就是奠定在這個基礎上。

作爲一個個體，他的整個生存的意義，他的全部努力，都是爲了對抗這種旋生旋滅的自然性，去獲得永恆和不朽。

但這是不可能的。一個個體不可能不死，他也不存在什麼絕對和永恆的意義。即使整個人類，在大自然、宇宙面前仍然是極其渺小的，那人化的自然仍然無法完全擺脫大自然的影響和控制。

然而我們又不能說，人的這種強出頭沒有意義。不，正是這種倔強精神才賦予人特有的意義。

人當然知道自己終有一死，他知道這個；但他活著的時候，他的一切所作所為，卻好像自己能夠永遠存在。他不會老是去想，「我總是要死的，我總是要死的」。否則他就什麼也做不成了。

我們是在自欺嗎？不是。

我們未能達到永恆和不死，但我們在這樣爭取的同時，就把我們的形象、業績、品格、恩怨……留給了我們的親人、朋友、社團、國家、時代。這一個「我」不會如同自然人的我那樣速朽，會留存下來，流傳下去。這樣，我們也就部分地達到我們追求的目的。

同樣地，那些在事業上強出頭的人們，雖然不可能個個得第一，甚至也不一定都是上乘的，但他們仍然成就了自己的事業，因爲他們在這個爭取和努力的過程中獲得了某種實實在在的東西，實現了自身的價值。

所以我說，知其不可爲而爲之，乃可爲也！

人生就應強出頭！

走難走的路

一個人的志向立得越大，他的人生道路就越艱難，需要他付出的勇氣也就越大。

當年曹操乘戰勝袁紹父子之餘威，南下荊州，劉琮束手就降，劉備敗走。孫權群臣除一、二人外，皆勸孫權投降。

此時要學劉琮投降易，要抗擊曹操則需要極大的勇氣和決心。孫權選擇了困難的路。因爲他志在縱橫天下，寧可失敗後一無所有，甚至性命不保，也不願意違背初衷降曹苟活——雖然還可能被封萬戶侯。

孫權一生中像這樣面臨重大選擇的情況還有好幾次。如是否奪荊州，是否送兒子給曹丕作人質，他都是選擇了艱難和冒風險的路去走。

有大志者才有走艱難道路的勇氣。

所謂人生大志，從人格來說，是希望盡善盡美，爲聖爲賢；從職業和工作來說，是希望成就大業，做第一流的人才；從家庭來說，是希望成爲有高度責任心的成員。

這樣，人活下來，是很累的。因爲這種嚴格自律，是需要不斷地克服自身固有的惰性、懶散、耽於安樂。它需要人時時刻刻，特別是在關鍵的時候，綁緊自己的神經和肌肉，強迫自己堅持和拼搏。

這樣活著是否值得呢？各人有各人的見解和選擇。強調人生的創造意義，發揮人生能量的極致，恐怕也只能選擇這一條艱難的路走。

人生最輕鬆的路是沒有任何宏大志向，隨波逐流，人云亦云，至於極端，那就是生物人和純粹的自然人。這樣，人來世上走這麼一遭，就如同根本沒有來過的一般。在我看來，這是人之墮落和退化。

選擇艱難的路走，當時需承擔分外沈重的壓力，但闖關過隘，就會更上層樓，看到一個海闊天空的全新境界，那時心中會充滿一種創造者的歡欣，一種艱難困苦玉汝於威的喜悅。這不是那些走輕鬆路的人所能體會得到的。

走人生艱難的路，先苦後甜，終歸是甜的。而走輕鬆隨便之路，最後恐怕終歸是無路可走。

沒有遠大的志向，就沒有努力的目標，就缺乏遇艱難而上的動力，人之爲人的特點也就喪失殆盡。人對待自己應該像一頭不喂飽的獵狗，使得它不得不爆發衝動去勇猛地捕獲那些看似龐然大物的東西，而不應該像一頭喂飽了的懶洋洋的豬，最後只有被宰殺的份。

孫權如不選擇赤壁抗曹這條路，他就成了一個完全不同的歷史人物。我們也許就不會像這樣大筆潑墨地描寫他的人生。

孫權是應該走那條艱難的道路，因爲它同時又是輝煌的！

不以成敗論英雄

人生在世，是否僅以功業的大小來評價一個人的價值？

在三國中，吳國比魏國弱小得多。論者多以此輕視孫權，認爲不過是一偏安之君而已。

王夫之卻說，如果孫權也有具有類似曹操或劉備的某種優勢（勢力強大或劉姓正統），以他的能耐，就不僅僅是三足鼎立的問題，這統一天下的恐怕就是吳國了。

按照這個思路，孫權是比曹、劉更能稱爲英雄的人。雖然吳國的力量要比曹操的魏國弱小得多，而且最後被承續魏國的司馬氏所滅。

我很贊同這種看法。

應該不以成敗論英雄。何況孫權還不能說是一個失敗者。就孫權已有的條件，可以說他已經最大限度地發揮了自己的創造力和開拓精神。

人生在世，是否僅以功業的大小來評價一個人的價值？

我想，不應該這樣。

一般所謂功業，是指所做的事業在社會上的影響，而這並非是完全靠個人的努力、能耐、才智所能決定的。一個政治家成爲大領袖、一個寫作者成爲大名家，一個演員成爲大明星，……有許多外在的偶然的因素。事業的成敗或大小，往往是人算不如天算。

何況，居高位者不一定傑出，尸位素餐者也不在少數；最暢銷的作品往往不是最優秀的；觀衆最喜歡的明星也不一定是最好的藝術家。……

更何況，還有這種情況：許多有傑出才能的人當世不被承認，死後才獲殊榮，如德國哲人尼采、丹麥哲人基爾凱郭爾。這是因爲他們的思想超前於時代，不被世人所理解。

所以，不能以成敗論英雄。特別是不能僅以當下現在的社會影響來評價一個人，而要把他的內在精神品質和外在影響結合起來予以考察。

這樣的情況也是不鮮見的：一個生活在社會下層、默默無聞的人比許多達官貴人、社會名流在人格力量上要偉大得多。我們就應該把他看成大英雄。

當然，一個人立定志向，終生努力不懈，那麼他在這一方面終會有所成就，而不可能在社會層面上毫無影響。但這種影響的大小、到來的時間、表現的形式，就不是他所能把握的了。

一個人，只要他在一個遠大理想的支持下，努力不懈地堅持朝這個目標奮進，從一點一滴的小事做起，從可能做到的事情做起，一步一個腳印，那麼，即使最後由於條件的限制，由於外在因素的干擾，這一目標未能完全實現，這個人的人生價值，在我看來，就是完全實現了的，他充分表現了自己的個性，是好樣的。

試拿曹丕與孫權相比，誰爲英雄應是十分明顯的事。雖然曹丕爲大國之主，國勢比吳國強大得多。曹操感嘆「生子當如孫仲謀」，未必不含有自己的兒子在政治上都不怎麼成氣候的意思。

當然，曹丕在文壇上是可以稱雄天下的，但這是另一個領域的事情了。

難在鍥而不捨

成功在於最後一下的堅持之中，然而最難的也就是這最後一下的堅持。

人立下志向不難，難在終其一生，持之以恆，鍥而不捨地朝著這個志向邁進，特別是在遭遇到逆境時。

孫權在其政治生涯中有幾次幾乎陷入絕境。如在他奪荊州殺關羽以後這一時期：劉備大舉進攻；他雖然向魏國稱臣以避免兩方受敵，但曹丕並不放心，逼著他送兒子作人質；送了就完全受制於魏，失去了獨立性，但不送魏軍就要來犯；同時吳國內部山越又在作亂。

在這一危急關頭，孫權的日子很不好過。在採用一切可能的外交手腕來贏得時間的前提下，他仍然堅持一個原則：即不能喪失自己的獨立性，堅決不送人質，即使魏國來攻也在所不惜。

他終於熬過了這段艱難的日子，度過了危機，取得了成功。如果他這次沒有頂住，送了人質，那就違背了初衷，當初又何必在赤壁抗曹呢？

一個人要立定一個志向，並且終生堅持，是很不容易的。人生總有這樣幾個重大關頭，如果改變了原先的志向，那就什麼都完了。這時一切都在於是否堅持。堅持就是勝利。

這樣的情況是很少發生的：一個人不費很大的勁，不吃許多苦，就順順當當地達到了自己預定的人生目標。

不僅在戰爭中，而且在人的日常生活的許多方面都有這種現象：成功在於最後一下的堅持之中，但最難的似乎就是這最後一下的堅持。它對於人的意志是一個嚴峻的考驗。

「一失足成千古恨，再回頭是百年身」。人生有多少時間容得我們去翻來覆去地折騰呢？我們立下一個大的目標，就要準備著有挫折，不會一帆風順；就要準備著去吃苦，用我們的韌性和耐力去抗拒失敗的痛苦。

有時候，人生似乎就是一個煉獄，那種與命運的相持就是在受刑。法國作家加繆寫了《西緒福斯神話》一文，說人活在世上就像把一塊大石頭推上山頂，手一放鬆，它又滾落回來，人又得重新把它推上去。人就是如此周而復始地做，永無止境。

人處於這種境況，不免常想歇下來。但人的命運就是如此。人無法歇下來，他得不停地做，直至生命終結。

在對生活目標鍥而不捨的追求中，創造、奮鬥和命運融合在一起。

那麼，認識到這種人生眞相是一種重負麼？是的。

也許這種重負也是一種充實？那就要看你是怎樣看了。

但不管你怎樣看，生活總是按照它自己的軌跡運行。

孫權的大方和節省

奇珍異玩非不寶貴，但心有大志者不以此為意，而意在自己志向的實現。

孫權對財物有兩種完全不同的態度：有時特別大方，有時特別節省。

他被魏國封爲吳王之後，曹丕趁機索要大量奇珍異玩，如雀頭香、大貝、明珠、象牙、犀角、孔雀等。孫權的臣下都認爲曹丕的要求於禮不合，不應該給。但孫權說，給，要多少給多少。

孫權對於將士的獎賞也特別大方：如呂蒙奪荆州立下大功，孫權賜他錢一億，黃金五白斤。呂蒙堅辭不受，孫權不許。

而孫權對於自己可以說是夠節省的了。他當皇帝十八年，未在都城建宮殿，住的還是多年前的將軍府。直到柱木腐朽才開始修繕，而且只用武昌宮的舊材料。他曾下令禁止各地進獻皇帝御用的方物，還下令降低皇帝的伙食標準。

這兩種不同的態度統一於他的人生志向上：他要做一個有作爲的好君主。盡量滿足曹丕的物欲，是爲了贏得時間，避免兩面受敵，扭轉吳國的危急局勢。重賞立有大功的將士，是爲了激勵部下奮勇作戰，樂於效命。節省自己的衣食住行的費用，是爲了減輕國力負擔，贏得百姓的擁戴。由此看來，孫權的確是一個志向高遠的開國君主。他把財物視爲身外之物，而不是追求的目標。

奇珍異玩非不寶貴，但心有大志者不以此爲意，而意在自己志向的實現。語曰：「玩物喪志」。沉溺於物欲之中，人就喪失了遠大的志向。這話反過來說也是對的：「喪志者玩物」。人無大志，遂汲汲於一物之利或一物之趣。我每每看到打麻將上癮者夜以繼日挑燈苦幹的樣子，深爲感嘆。只有胸無大志、無所事事者才會染上這種徒然消磨時光的嗜好。還有吸毒等等，那是極端的表現形式了。

人的一生總得有一個最根本的奮鬥目標，他一生的作爲就應該以這個目標的實現爲中心；任何可能干擾和破壞這一目標的舉止行爲都應該盡量避免。如此，才能做到人生無悔。

有不少人覺得追求舒適、豪華的生活就是人生的目標，此外再無它求。現代社會高生產、高消費的特點的確容易導致物欲橫流，使人們的精神寄託和理想追求越來越少。逐逐漸漸地這似乎倒成了一種正常的現象。

實際上，這是一種人格的退化。一個人沒有了一點精神追求，沒有了一點屬於他個人終生不渝執著的東西，他活在世上還有什麼意義？

如果要想過窮奢極侈、一擲千金的生活，恐怕作爲皇帝的孫權是最有條件的。但他沒有這樣做。

面對著這位三國時代的古人，那些以一桌酒席幾十萬元來爭豪鬥富的「大款」們，那些崇尚金錢萬能、享樂第一的拜金主義者們是否會有一絲醒悟，一絲慚悔？

是應該好好想一想。

何必急著當皇帝

永遠的耕耘，永遠的創造，人也就在有限的時空中永生。

孫權在夷陵大敗劉備，此後又數次擊退了魏國的來犯，並與之斷絕了外交關係。外患基本消除。在此以前曹丕、劉備先後稱帝。於是群臣上奏孫權，請他即皇帝位。但他推辭了。

他的推辭不是謙讓，是眞的拒絕。這一推遲就是六年。

孫權的這個舉動很有點意思，値得我們回味一下。

孫權從年輕時就立定志向，要縱橫天下，建立帝王之業。待到眞的可以稱帝時，他又似乎不怎麼在意皇帝的位子，不急於登基。

面對於許多人來說，恐怕這是迫不及待的事情，如袁術之流。

孫權推遲稱帝的時間，可能有一種實際考慮：讓時機更成熟一些，讓國內外形勢更好一些。除此之外，在我看來，他的決定還包含著一種對於皇帝名分的超然灑脫的態度。他不怎麼看重這個東西。

我覺得這一點對於判斷一個人的志向之高下是很有意義的。

一個眞正胸懷大志、有著遠大理想的人，他的理想、他的人生奮鬥目標應該具有一點形而上的味道，也就是說，可望而不可及。

一個偉大的帝王始終不會滿足於已有的疆土和形勢，他的開拓和統治的欲望是永無止境的；一個偉大的作家始終不會滿足於自己的任何一部作品，他總是認爲更好的應該是還未誕生而正在誕生的這一部；一個偉大的演員總是把自己主演的每一部影片都視爲留下遺憾的產品。……

於是，他們就得終其一生來實現自己的人生理想，永不滿足，永遠創造。

在這個過程中，他們不斷地體驗到創造的熱情和成功的喜悅，他們認爲最寶貴的就是這種感覺，而不在於獲得某個結果。創造和過程就是一切，結果相對而言無關緊要。名聲、威望、成績，只是暫時的曇花一現的東西。

這樣不斷地追求、創造、向上，人生該是多麼充實！

如果人生的目標缺乏這種形而上的成分，太實在太具體，就會過於計較世俗名利。當這個目標過高而達不到時，就會有一種深深的空虛失落感；若目標偏低，也許較易達到，同時也較易滿足，使人不思進取。這兩種情況都會讓人的創造精神受到壓抑而得不到淋漓盡致的發揮。

在對待人生理想的問題上，我們何不學學孫權的「何必急著當皇帝」的精神，既實在又虛空，既執著又超脫！

人生理想的種子既然已經播下，那麼，辛勤的員工就會一心專注於耕耘培育，他的主要樂趣也就在這個努力耕耘的過程中；至於最後的結果，辛勞工作者不會把它當成有唯一價值的東西，那只是順理而成的一章。

永遠的耕耘，永遠的創造，人也就在有限的時空中永生。

但求英雄平常心

以平常心做英雄事，既不是張狂，又非淺薄，而是樸實。這就是人生最高境界！

在孫權身上，交織著兩種似乎彼此矛盾的思想和心態，一種是「天下捨我其誰」，一種是「我本平常」。

他接任江東領袖之時，就有稱霸天下之心。魯肅秘說帝王之業，甚合他的心意，所以他不顧張昭的反對而重用魯肅。

同時他對魯肅表示，這個帝王之業還不是他能做到的，他只是希望能把江東治理好。他也從不對其他臣下談及他的這個志向。

直到幾十年以後，他已成就了帝王之業，他才談到魯肅當年的勸說，把這定為魯肅的首功。

孫權給人的感覺是深沉，深藏不露，沒有十分明顯的特點。他從不故作驚人之舉，或故發驚人之語。但他常有出人意料的舉動，使人由衷地嘆服，使他的強敵曹操感慨地說：「生子當如孫仲謀！」

孫權是以平常心做不平常的事。

也就是說，他把「天下捨我其誰」和「我本平常」這兩種思想和心態完滿地結合在一起。這是一種十分健全的精神狀態。

人有大志，這是好事。但如果由此成爲自大狂，而自我神化，那就非常可笑了。

「天下捨我其誰」的正確含義是什麼？並不是說，地球沒有我就不會轉動了；或者說，這個世界的統治者注定是應該由我來擔當的……等等。這是錯誤的理解。而是說，我作爲一個獨立的個體具有其他任何個體都無法取代的價值，我有自己獨特的個性。我應該充分把它表現出來。

「我本平常」，就是恰當地估計一個人在世上的地位：他有如大海之中的一葉小舟；恰當地估計偶然性在人生中的地位：機遇是可遇而不可求的；恰當地估計人與人競爭的嚴酷性：他人未必不如我。在人人都有競爭得勝的可能性這一點上，大家都是平等的。我不過是這平等家族的一員。

這樣，「天下捨我其誰」和「我本平常」本來就是人生在世相互聯繫、互爲補充的兩個方面。惜乎哉人們往往把它們分割開來，以爲非此即彼、互不相容。

法國哲人和文豪薩特曾說，在他那裡，既有一種天才的優越感，又有一種與常人無異的平等感。他不覺得這裡面有什麼矛盾。看來他也達到了人生的這一境界。

他曾寫了在文字上特別講究的作品，如《惡心》和《詞語》，後者使他獲得諾貝爾文學獎。但他晚年說，文學的極致不是用盡心思擺弄文字，而是自然而然產生出來的東西，最好的風格就是樸實。

我一直想給孫權的作風和個性作一個歸納，薩特的話啓發了我：這就是樸實。

以平常心做英雄事，既不張狂，又非淺薄，而是樸實。

在我看來，這就是人生最高境界！

決斷篇

總得自己作出決斷

任何人或其它外在力量都不可能代替我們自己作出決斷。人之為人，就得自己作出決斷。

按小說《三國演義》給人的印象，孫權的特點就是會用人，此外再無其它能耐。用周瑜，則一切都聽周瑜的；用呂蒙，則一切都要靠呂蒙；用陸遜，則一切全憑陸遜作主。……他自己似乎是個並無什麼主見的人，軍國大事全由別人決斷。

果能如此，他這個當領袖的，可就輕鬆得很了。

果能如此，他這個當領袖的，也就跟一個傀儡沒有什麼區別了。

實際上孫權完全不是這樣的。他是一個敢於決斷、明於決斷的雄略之主。

其實用人本身就是一種決斷：用這人不用那人，用這人做這事不做那事等等，都得孫權自己來考慮並作出決定。他在這一方面的決斷能力是異乎常人的。

不僅僅在用人方面，凡屬重大的國家事務都由他自己作出決斷。如孫權重用周瑜，但在軟禁劉備和借荆州這樣重大問題上，他就沒有聽周瑜的，而是作了相反的決定。

廣而言之，一個人是否可以完全依賴別人或其它外在力量代替他作出決斷？我以爲，歸根到底，這是不可能的。

常有這種情況：我們有個什麼事要同某人商量或請他幫忙拿主意。這看起來是讓別人替我們作決定，實際上仍是我們自己在作決斷。

曹操要孫權送兒子作人質，張昭等大臣議論而不能決。於是孫權召周瑜在母親面前單獨商量。這看起來好像是孫權要周瑜爲他作決斷，實際上孫權已經有了一個初步意向：不送人質；召周瑜來是要取得他的支持。無論孫權是否明確意識到，潛在地，他斷定周瑜是會支持他的。他召了周瑜而沒有召張昭，這本身就是一種選擇和決斷。歸根到底，這拒送人質的決定仍是他自己作出的。

我們如果以爲，請人拿主意，就可以推卸掉自己作出決斷的責任，那就完全搞錯了。

有時我們不是找人拿主意，而是求神問佛，或者把一枚錢幣往上拋，看它落下後哪一面朝上，靠「天意」來代替我們作決定。

在這種情況下，我們不過是把自己的決斷委之於一種偶然性罷了。我們雖然是被動的，但仍然是自己作出決斷。因爲去求「天意」決斷，這仍然是你自己決定的行爲並由此造成一種後果。

所以我說，任何人或其它外在力量都不可能代替我們自己作出決斷。人之爲人，就得自己作出決斷。被動的決斷也罷，委之他人和天意的決斷也罷，付之偶然的決斷也罷，歸根到底仍是自己在作決斷。

既然如此，與其被動，不如主動；與其讓偶然性支配自己，不如去超越這個偶然性；與其逃避自己作決斷的責任，不如去正視和迎接自己要承擔的責任。

特別是在人生大事上，在人生大關節處，我們更要明確：「總得自己作出決斷」是人生不可逃避的境況。

這樣，我們在回首往事時，或許可以不無自豪地說：「我自覺地決定了自己的人生道路，盡到了做人的責任！」

選擇與責任

隨著人生經驗的豐富，我們會越來越深刻地體會到，在作出選擇時，我們處於一種兩難境況，因此我們不得不時時作出選擇。

決斷也就是作出選擇。人生實際上是一個不斷作出選擇的過程。隨著人生經驗的豐富，我們會越來越深刻地體會到，在作出選擇時，我們處於一種兩難境況：我們不得不時時作出選擇，但我們在選擇時又沒有實在的依據可循。

我們的選擇是根據一定的原則或標準作出的。人們通常以為它們是客觀的、帶普遍眞理性的，但仔細一想，這些原則或標準仍是人們選擇的結果。

孫權在面臨是否送兒子作人質的選擇時，他的原則是，無論在何種情況下都要保持江東的獨立性。但這個原則只是他給自己規定的；他本來也可以有一個完全不同的原則。所以這仍然是他選擇的結果，並沒有什麼客觀存在的東西非得要他這樣做。

選擇缺乏實在依據的另一個方面是，我們在選擇時無法確切地估計選擇的後果。

對孫權來說，如果送了人質，那就完全喪失了獨立性；如果不送，曹操來攻，以他剛接任兩年、江東內部未穩的現實狀況看，是不可能與之對抗的，那結果就更慘。這一切都取決於拒絕送人質後曹操是否一定會很快來攻，而這是誰也說不準的，因爲這裡面有許多不是選擇者所能把握的偶然因素。

雖然我們的選擇缺乏實在的依據，我們卻不可能作出選擇；不選擇就是選擇了不選擇！就是完全讓偶然性起作用而不是試圖去超越它。

認識到人生的兩難境況，我們在作出選擇時就會有一種沉重的感覺。這種沉重感就是意識到我們作爲創造者的責任。

既然選擇沒有任何客觀標準，是我們主觀意向的結果，我們就要對這種選擇負完全的責任，而無法推諉於任何外在的因素。

既然我們自知無法確切地估計選擇造成的後果，而我們又作出了選擇，我們就應該對這種選擇的不確切性承擔全部責任，包括被事後證明是搞錯了的東西。

在我們的人生之路上，在作出選擇前，沒有任何東西是實實在在的；而唯一實實在在的東西，是產生於我們作出選擇之後，它不是別的，正是我們選擇的結果。

透過選擇我們把可能變爲現實，把偶然性變爲對它的超越，把我們自身的不確定性變爲固有的存在。從這個意義上說，一切都是我們選擇的結果。

選擇的責任是如此重大，以至於許多人不堪其重負，往往自覺或不自覺地逃避這種責任。他們把自己的主觀意向變爲客觀眞理，把偶然因素變爲必然的定命，把內在努力的結果變爲外在的天意，把自主選擇變爲被迫的行爲。由此他們獲得一種虛假的輕鬆。

但是，人生畢竟不是一塊可以讓我們隨意揑弄的麵團。你只有眞誠地對待它，它才向你展示自己的斯芬克司之謎，引導你深入到它的眞諦中去。如果你對它來虛的，它給予你的，也只有似眞實假的幻象，最後讓你落入歧途。

直面人生的選擇和責任，我們也許會活得很累，但我們心理很舒坦。

人生難免孤獨

孤獨實際上是人格和心理成熟的標誌。

一個人在作出決斷和選擇時，不被他人理解，就會產生一種孤獨感。

孫權決定赤壁抗曹，除一、二人外，群臣均不理解。

孫權的理由是，曹操託名漢相，實爲漢賊，早就想廢掉漢朝自立，爲復興漢室，他與曹操勢不兩立。

群臣以爲，曹操畢竟打的是朝廷的旗號，歸順了曹操還不失封侯之位；冒險抗曹，如果失敗，就是一敗塗地，甚至性命不保；如此很是不值的。

其實孫權的心裡話不好說出來。他眞正的意圖是與曹操相抗衡，以爭霸天下，建立帝王之業。但當時時機不成熟，還不能公開這樣說。因此他有一種不被衆人理解的孤獨感。

金庸小說中寫了個姓獨孤名求敗的劍客，劍術太高明，打遍天下無敵手，感到分外孤獨和寂寞；爲了解除這種深深的孤獨感，他寧可敗在某人手上。他的名字表達了這種好似荒唐的願望。

不僅那些英雄大俠、獨行特立者不被人們所理解，難免孤獨，就是我們這些平平常常的人，也會時時感受到一種蝕骨的孤獨感。

孤獨其實是人生題中應有之義；人生難免孤獨。

什麼人沒有孤獨感？尙在母體中的胎兒沒有孤獨感，他與母體合而爲一，不是獨立存在；人未成年時沒有或少有孤獨感，他在心理上還沒有與母體斷乳，有強烈的依賴情結。

一個個體出生了，長大了，在精神上和實際生活中逐漸脫離父母，成爲社會上獨立存在的一員，他才會感受到人生的孤獨。

孤獨感就是發現一個人在世上不可能依賴於任何人，只有靠自己。

獨立的個體必須在人生大事上自己作出決斷，而無法依賴於任何人；他必須對自己的選擇承擔全部責任，而不能推諉於他人；他不可能再像幼時那樣得到人們的扶助；……這時，孤獨感就會油然而生。

感受到人生的孤獨實際上是人格和心理成熟的標誌。那些從未感受過孤獨的人們在精神上仍然停留在孩提時代。也許他們是幸運兒，但他們總長不大。

伴隨著孤獨感的加深是人的自我意識的增強。人在孤獨中可以更加深切地體味人生複雜和深層的經驗，體味自身的獨立性和個性，體味一己之不可或缺。所以哲人往往以孤獨為樂，更喜歡獨處，不願別人來叨擾了他的清趣。

不只是哲人，我們每個人生活中都需要一點孤獨。我們都有這樣的時候；你會對人們（無論他們是你多麼親密的人）說：「請讓我一個人待一會，靜一靜！」

孤獨是人生題中應有之義，且看我們各人怎樣去做文章！

當眞理在一個人手中時

眞理的掌握通常不在於知識，而在於人格和勇氣。

孫權晚年在作重大決斷時曾有失誤，但有時頭腦又很淸楚。如步騭、朱然等諸大將各自上疏說蜀國背棄盟約與魏國勾結，並舉了從蜀國回來的人報告的許多情況，最後說事情已經十分明顯，不要再懷疑了，應該做好防蜀的準備。

孫權仔細分析了他們的報告，將人心比己心，最後得出結論說，來人的話很不可信。他表示願以自毀其家作擔保，蜀國決不會同魏國勾結。

後來的事實證明孫權的判斷是正確的。

有時眞理掌握在一個人手中。

這時這個掌握眞理的人能否堅持眞理，對事情的成敗關係可就重大了。

但是當眞理掌握在少數人特別是一個人手中時，這少數人或這一個人承受的壓力也就非常大。即使像孫權這樣威望極高的人也要說出願以自毀其家擔保的話，才能讓衆人信服。

一種壓力是思維模式方面的。我們常有一種偏見，以爲多數人認可的東西就是眞理，眞理只會掌握在多數人手上，而少數人特別是獨一無二的個人則不可能有眞理。

於是，即使意識到所謂常識、習慣看法、通行見解的謬誤，我們往往不敢把它說出來，或懷疑自己意見的正確性，或惟恐犯了衆怒。有時，群體的力量是能壓倒一切的。

另一種壓力是權勢方面的。像孫權這種地位的人，要堅持自己的意見還比較容易，而一般平民百姓或得罪了權勢的人要想把自己手中的眞理堅持下去，那就非常艱難了。這裡問題不在於知識，而在於人格和勇氣。

安徒生童話裡〈皇帝的新衣〉中皇帝光著身子在街上走，所有的人都說好，只有一個無知無識的小孩指出了眞理：「他什麼也沒有穿！」因爲他不知道害怕皇帝。

秦朝趙高弄權，當著秦二世胡亥的面指鹿爲馬。胡亥問衆侍者，或有答鹿的，或有答馬的。答鹿者仍然效忠於秦二世，答馬者則憚於趙高權勢閉著眼睛說瞎話。

這些尙還是或幽默、或滑稽的場面，實際上權勢對於眞理的鎭壓是分外殘酷的。

我們現在誰不知道是地球圍繞太陽轉，而不是太陽圍繞地球轉呢?這已經成了小孩都知道的常識。而當年堅持這個眞理的人卻付出了犧牲生命的代價。意大利人布魯諾爲了堅持和宣揚哥白尼的日心說，被宗教裁判所處以火刑，活活燒死。

在權勢的壓迫下，一個握有眞理的人，他在作出決斷和選擇時會倍感艱難困苦。另一個支持哥白尼學說的科學家伽利略，也受到宗教裁判所的制裁。他一方面仍然堅信自己堅持的眞理，另一方迫於黑暗勢力的淫威，又不得不向壓迫者表示悔過。

這時他的內心衝突該是多麼劇烈！他忍受的痛苦煎熬該是多麼巨大！現代戲劇家布萊希特在他的名劇《伽利略傳》中生動地表現了這一悲劇性人物的內心世界。

其實有哪一個孤獨的眞理堅持者不是悲劇人物呢？

我們視布魯諾爲眞正的英雄。

我們對伽利略充滿同情，對他的痛苦和軟弱充滿了理解。

因爲他的命運與我們同在，他的痛苦和軟弱也屬於我們每一個人！

多謀與善斷

孫權作為雄略之主，表現在他具有多謀善斷的特點。

多謀和善斷是兩個方面的素質，能完滿地結合在一個人身上殊爲不易。孫權名權字（仲）謀；權即隨機應變的能力，也就是決斷的能力，謀即多思，富於策劃。他的名字也反映了這個特點。孫權可以說是名符其實。

從政者中有一種人，他們很會分析形勢，考慮問題十分周全，善於策劃，能提出種種可能的解決方案，但他們缺乏應變、決斷和實幹的能力，不善於隨時把握局勢的變化，具體行動起來往往猶豫不決。他們坐而論道的能力要優於起而實行的能力。

這樣的人，作領袖人物或其他主持大局者恐怕是有缺陷的。他們比較合適的位置是謀士和幕僚。

另有一種類型的人善於把握機會，行事果斷，敢作敢爲，一但決定，就立即實行，毫不猶豫和手軟，但他們缺乏分析複雜局勢的能力，不善於多思，看問題往往顧此失彼，容易倉促作出決斷。他們臨場實幹的能力要優於思考策劃的能力。

這樣的人，作領袖人物或其他主持大局者恐怕也是有缺陷的。他們比較合適的位置是一方之將或開路先鋒。

這兩種類型的人都不宜居高位，任要職。如果把他們放在君主或主帥的位置上，都易產生閃失；或因優柔寡斷，或因慮事不周，造成重大決策的錯誤。

在一定意義上說，這兩種素質是相互矛盾的。既然要把問題考慮得盡量周全些，在隨機應變和決斷方面就未免有些顧不過來；而要緊緊把握住時機，及時作出決斷，有時就來不及把問題考慮得那麼周全。

孫權兼顧了這兩個方面，並且很好地結合在自己的重大決策和行動中，這是很不容易的。他的這種才能，在魏、蜀中，只有曹操、諸葛亮等人可以相比；而在吳國內，具有類似才能的，也只有周瑜、呂蒙、陸遜數人。

三國中吳國勢力弱小，維持的時間卻最長，這同孫權在位五十餘年的開拓和治理是緊密相關的。孫權多謀善斷的特點，使他在長期的軍事政治活動中盡可能地避免了重大失誤。應該說，他是一個成功的政治家。

不僅對於政治活動，多謀善斷對於任何一種成功的活動都是必要的綜合素質。

在人生道路上，我們既要謀而後動，三思而後行，避免盲目行事，避免誤入歧途，又要善於捕捉時機，不放過任何重大機遇，變偶然爲必然，變內在意向爲現實存在。

我們既要分析透徹，策劃周密，以避開種種可能的人生路上的陷阱，又要在關鍵時刻果於決斷，勇闖關隘，以期化險爲夷。

我們既要有深思熟慮的人生目標和原則，以不變應萬變，又要在實際活動中隨機應變，靈活運轉，隨時修改我們的計劃和方案。

果能如此，我們就能在人生道路上不斷取得成功。

良好素質的培養很是不易，但它是成功的必經之路！

雄才大略的君主不會專門聽信和依靠於任何一個人，哪怕這個人是他最值得信賴的人。

曹操嚇掉了筆

曹操在解決了袁氏父子後，旌麾南指，劉琮投降，劉備敗逃。風聞劉備往投孫權，曹操的衆謀士都認定孫權必殺劉備。

孰知孫權不僅沒有殺劉備，還聯合他同心抗曹，在取得赤壁大勝後，應劉備之請，把荆州要地借給了他。

曹操聽到這個消息，本來正在寫字，驚嚇得把筆掉落在地上。可見孫權的這一決斷對他的打擊之大。他可能預感到，其統一中國之夢將因這一事件而無法成爲現實。

孫權的這一決斷是同周瑜的建議相反對的。

周瑜建議趁劉備來訪將他軟禁起來，以美女玩好籠絡其心，消磨其志；然後將關羽、張飛分開，強迫他們爲東吳效力。孫權思之再三，沒有同意周瑜的意見。

此時周瑜是孫權最爲信賴的部下，且赤壁之戰又立下首功，但在這樣重大的事情上孫權沒有與之認同，而作出了自己的決斷。

這正是一個雄才大略的君主所應該有的品質。他不會專門聽信和依靠於任何一個人，哪怕這人是他最值得信賴的人。

最可信賴的人搞得不好就會成爲最容易對其偏聽偏信的人。我們易犯的一個毛病就是：以人取言。好像一個人值得我們信賴，那麼他說的一切都肯定是對的。這裡，習慣的看法在起作用。

這種習慣的力量是很可怕的。它使我們的理性消解，使我們的耳目變得盲目起來，使我們由此而誤了大事。如果孫權當初聽了周瑜的建議，孫、劉內部先鬥了起來，那正中曹操下懷，赤壁之戰的成果就會付之流水，中國也許就是兩個樣子了。

作君主的需要臣子，但有爲的君主不會完全依靠任何一個臣子；正因爲他能始終保持自己的獨立性和獨自決斷的能力，他才能獲得臣下的尊重、擁戴和效命。

我們通常的人際關係不是君臣而是朋友，但也有類似的問題。

我們的朋友有親密的，有較疏遠的。最親密的朋友對我們的影響也最大。我們往往會對他產生一種依賴感，有時甚至到了離開他似乎就不能生活的程度。

這種過於強烈的依賴感其實是很危險的，它使我們失去自我和獨立性，使我們無法不受干擾地獨自作出正確的決斷，使我們變成朋友的奴隸，使友誼變成奴役。在這個意義上說，最親密的朋友，有時也就是最危險的敵人。但這個敵人是我們自己造成的。

王夫之把交友之道歸結爲一句話：「一人行則得其友。」我很同意他的這個說法。

一人行就是無論在什麼時候都要保持自身的獨立存在的價值，堅持並發揮自己的個性，在人生重大問題上、在大關節處不依賴於任何人而作出自己的選擇和決斷。

只有做到這一點，他才能交上眞正的朋友，贏得朋友的尊重，同他們結成一種正常而平等的關係。

重要的是對任何人都要有一定的距離；越是親密的朋友，就越是要注意同他保持適當的距離。所謂君子之交淡如水，所謂高山流水有知音，談的就是這種境界。

人是需要朋友的，但他自身的事業、修養等等，並不依賴於任何朋友；正因爲如此，他反而能夠得到眞正的朋友。

一人行則得其友！

誰當丞相

大事不能糊塗，這是人生的眞理；小事難得糊塗而不妨糊塗些，這也是人生的眞理。合起來，就是我們的處世之道。

吳國兩次討論丞相人選，群臣都推舉張昭，而孫權兩次都否決了他們的意見，先是任孫邵爲相，孫邵死後，又任用顧雍爲相。

從後果看，孫權對他們的任用是得當的。特別是顧雍，其相才足可同諸葛亮相媲美，史有定評。他爲相十九年，吳國政通人和，百廢俱興，功莫大焉。

群臣推舉張昭，是從論資排輩的角度考慮的。東吳在未設丞相前，張昭的地位相當於丞相。在他們看來，他任丞相是順理成章的事情。至於與其他的人作比較，他們就無暇多想，即使想到者也不便言。

孫權不任用張昭，是從他是否適於擔任相職以及有沒有比他更適合的人選這一角度考慮的。他是君王，丞相人選是他在人事方面的第一等大事，用得是否得當，對國家有特別重大的影響，所以他是經過深思熟慮而作出決定的。在召集群臣討論前，他應該已有了確定的人選，讓群臣推舉不過是更廣泛地徵求一下意見罷了。

像這樣的大事是不能糊塗的，必得有主見。如果他稀里糊塗地按照群臣的意見辦，那後果可就難說了。

張昭其人，性情剛強，容不得不同意見。他作一個諫官還可以，作爲相才則有明顯的缺陷。他若為相，吳國的局面恐怕就會兩樣。

「不在其位，不謀其政」，群臣的意見只不過是供參考，他們不須對這一決策承擔什麼責任；作為君王的孫權，直接對這一任命負責，所以必須慎重和拿出主見來。

孫權作為一國之主，要處理的事情何其多！即使神人，恐怕也不能把全國所有的事情都一一料理得清清楚楚。他只要抓住若干大事，把必須由他直接管理的事情處理好，就算是一個盡職盡責的君主了。

鄭板橋說：「難得糊塗！」那恐怕說的是小事。大事卻糊塗不得。大事不糊塗和小事不妨糊塗一點，是可以結合在一起。如果事無巨細，都要搞得十分清楚，那人就活得太累。累一點或許沒什麼，但容易造成兩種後果：一是嚴重損害身體，最後連大事也無法管了；二是大事小事混在一起平均下勁用力，大事也難以搞得特別好。

諸葛亮盛年病逝，就是心太細，大事小事都要管，罰二十軍棍以上的事都要親自過問，也就是難得糊塗。當然，他也有其不得已的苦衷。「出師未捷身先死，長使英雄淚滿襟！」

其實人活一世，大事一定不能糊塗，小事則不妨看穿些，糊裡糊塗地過得去也就行了。如果什麼都要較眞，恐怕我們就很難承受這種人生的壓力。

大事不能糊塗，這是人生的眞理；小事難得糊塗而不妨糊塗些，這也是人生的眞理。

把它們合起來，就是我們的處世之道。

窮寇勿追

人的志向立得高雅，眼界開闊，在人生關鍵處就會明於決斷，不會為小利所惑。

吳國在夷陵大獲全勝，劉備敗守白帝城。這時許多領將都要求乘勝追擊，擒獲劉備。

孫權徵求陸遜的意見，陸遜、朱然等認爲，曹丕正在大量糾集軍隊，名義上是幫助吳國對付劉備，實際上內藏禍心。於是孫權決定立即撤軍。沒過多久，果然魏軍分三路來犯。

看起來，孫權部下的兩種意見似乎都有道理。

如果乘勝出擊，蜀軍此時實力大虧，抓住劉備是有可能的。擒賊擒王，若劉備被俘，蜀國一舉可下也。

如果繼續追擊，「螳螂捕蟬，黃雀在後」，魏軍此時來犯，吳軍就成了兩面受敵之勢，後果不堪設想。

孫權是怎樣思考和作出判斷，認定後一種意見才是眞正有道理的呢？他是靠對大局的正確認識和把握，作出這種決斷的。

三國鼎立，魏國強大，吳蜀弱小。兩小國只有聯合起來，才能對抗魏國。這就是大局。

吳蜀之間因借、還荊州的事情產生矛盾，最後導致聯盟的破裂。蜀國來犯時，孫權曾求和，劉備不許。戰事遂不可避免。

無論事情發展到何種地步，頭腦清醒的領袖都應該始終把握住大局。對孫權來說，就是要尋求機會與蜀國恢復盟好，共同對付魏國。蜀軍大敗，無力再戰，這應該是一個與蜀國和好的機會。

如果勉強追擊，即使能擒獲劉備，也未必能一舉攻占蜀國。諸葛亮在成都，蜀軍的實力仍不容小視。這時吳蜀相爭，魏國正好坐收漁人之利，最後一一擊破。

如果孫權採納了第一種意見，結局只會是這樣。

爲人處世當從大處著眼，把大局搞清楚；由此出發，來作出自己的決斷。人生的大局就是自己確立的努力方向和根本目標。我們在考慮問題，處理事情，作出決斷時，都要以此爲標準。凡是違背這個努力方向和根本目標的，就不宜實行，即使看起來暫時的利益很大；凡是符合這個大方向的，我們就要堅持去做，即使看來暫時對我們十分不利。

有「聰明反被聰明誤」的說法。這裡的「聰明」。就是指把一時的小利、眼前的利益和似眞實假的利益看得太重，算計得太精，以至於損害了自己的根本利益，誤了人生大事。

胸無大志，利欲薰心，這種「聰明誤」的現象就容易發生；人的志向立得高雅，眼界開闊，在人生關鍵處就會明於決斷，不會爲小利所惑。

且讓天下三分利，換來赤子一片心！

緊緊把握住機會

機會如白駒過隙，倏然而逝，且讓我們緊緊把握住它！

這樣也就緊緊把握住了人生！

孫權在位多年，使吳國得到不斷的開拓和發展，很重要的一條，是他能夠緊緊把握住各種重大機會。

關羽北攻襄陽，江陵空虛，孫權趁機襲取荊州，占據了這個戰略要地，使東吳進可攻，退可守，確保了腹地的安全。由此，三國鼎立的局面才最後形成。這對於孫權來說，是一次難得的機會，孫權緊緊地抓住了它。

這是主動的決斷。

還有在被動的情況下作出的選擇，它既是對挑戰的應付，也是對機會的把握。

孫權二十歲時，曹操要他送人質，他作出了拒絕送人質的抉擇，由此保持了獨立性並贏得六年的發展時間。正確地迎接挑戰也就是很好地把握住了機會。

赤壁之戰前，曹操下來戰書。孫權接受了挑戰，同時也就給自己創造了一個難得的機會。經過此戰，孫權由政治舞台上一個無足輕重的角色一躍而爲決定中國命運的風雲人物。

在孫權一生中，像這樣重大的機會並不是很多，孫權的確是一個善於緊緊把握住機會的人。

其實我們每個人在一生中都會碰到一些難得的機會。應該說，這是人生最寶貴的財富。它們的數量有限，一旦失去，就永遠不會再來。

許多人常嘆自己沒有碰上好機會，埋怨時運不佳。其實這種抱怨沒有什麼道理。

機會是什麼？機會就是偶然性。我們生活在一個充滿偶然性的世界裡，人就是一個偶然的存在。在這個意義上說，每一個人的機會都是均等的。緊緊地把握住機會，這就是說，透過自覺的選擇和決斷來超越偶然性，使自己不斷地由偶然的存在變爲必然的存在，從而實現自己人生的價值。

機會善待有心人。時時蓄志在胸，就可能充分利用每一次機遇，使它成爲實現自己人生之夢的契機。

像孫權那樣平素有心者，常能把挑戰變爲機遇，把被動變爲主動，不至於在突發事件面前倉促應對，無所適從。從這一點看，人是可以創造重大機會的。

機會不是靜止的固定不變的東西，它有如流水，轉瞬即逝，不可逆返。要緊緊把握住它，還需要我們具有隨機應變、當機立斷的能力。

高超遠大的志向，應變決斷的能力，都要靠平時長期不斷的積蓄和培養，非一朝一夕可以成就。

若是朝三暮四，胸無定志，臨事不決，優柔推諉，不要說是變挑戰爲機遇，就是大好的機會現成地擺在我們面前，也會讓它白白地溜過去。如此虛度年華，豈不可悲！

機會如白駒過隙，倏然而逝，且讓我們緊緊把握住它！

這樣，我們也就緊緊把握住了人生！

也有昧於決斷時

胸有大志，勤於功業是雄略之主的必要素質，但若過分操切，也容易變成盲目貪功、無端求利，而利令智昏，遂昧於決斷。

通觀孫權一生，他是個明於決斷的人。在許多重大關頭，他都及時作出了正確的決斷。吳國由小到大，由弱到強，終成氣候，與他是個明於決斷之君分不開。

但是，孫權也有昧於決斷時，而且不只是在小事情上。至少有兩件大事值得一提。

公孫淵詐降

首先是公孫淵詐降；孫權不聽群臣勸諫，堅持自己的意見，結果白白被公孫淵吞併一萬人馬和大批物資，大臣也被殺害。

立嗣

另一件是立嗣；孫權不顧衆大臣反對，廢掉太子孫和，並賜魯王孫霸死，同時誅殺、流放大臣多人。此舉對吳國政治局面有極大損害。

孫權胸懷大志，雄心勃勃，稱帝之後，更思開拓，屢次派人馬往海上發展。公孫淵的投降，滿足了他的這種求開拓的願望，所以他迫不及待地相信了。本來以他的精明和判斷力，是不會這樣輕易受騙的。

太子和魯王相爭，衆臣一分爲二，各擁一主。孫權恐怕他亡故後吳國內亂，因此採取了這種既毀骨肉又毀大臣的舉措，有他的不得已處。但起因在於他聽信讒言，疑太子不孝，後來又不聽任何勸諫，給造亂者以可乘之機。

細細想來，孫權的缺點是與他的長處聯繫在一起的，而他的失誤也和成功同在。

胸有大志，勤於功業是雄略之主的必要素質，但若過分操切，也容易變成盲目貪功、無端求利，而利令智昏，遂昧於決斷。

有主見，不為衆議所動，也是有為君主的必備條件，以此往往能成大事。但若先前已有偏見，這種品質就會使他十分固執於錯誤的決斷而聽不進任何正確的意見。

看到史料上明確記載的這些事實，我很為孫權感到惋惜。像他這樣一代人傑，這些重大的過失並非是不可避免的。

「人非完人，孰能無過」，這話是不錯的。不過我們應該盡可能地少犯一些錯誤。特別是對人生、對事業有重大影響的錯誤，應盡量避免。

而要做到這一點，我們就得注意提防我們的優點和長處！

這是因為，正是優點和長處給我們帶來了成功和業績，我們容易滋生對它們的迷信，容易不適當地濫用它們。

這樣一來，優點反而成了缺點，長處反而成了短處，給我們帶來成功的品質，一旦為我們的過失效命，其能量就分外強大。

所以我們必得時時反省：不光是要看到什麼是我們的優長，什麼是我們的不足，還要看到我們的優長在什麼情況下可能成為缺陷，可能讓我們在不知不覺中失足。

只有這樣，我們才能盡量減少那些會讓我們追悔莫及的重大過失，以期在人生之路上取得最大的成功。

我們得時時警惕自己！

用人篇

用人務盡其才

孫權善於用人，在三國是很著名的。

他一旦發現有突出才能的人，就加以重用，務使其才能盡量發揮。吳國的發展、興盛與他用人得當有很大關係。

周瑜有王佐之才，且久經戰事，精通用兵韜略，於是孫權委他統領兵馬指揮作戰，取得赤壁大勝。

魯肅深知孫權志向，善於策劃和實幹，於是孫權同他謀劃方略，委他聯絡劉備，贊助周瑜，在聯劉抗曹中起了關鍵作用。

呂蒙有勇有謀，能出奇計，具大將之才，孫權委他全權負責，兵不血刃而奪得荊州戰略要地，立下大功。

陸遜文武雙全，才識過人，富於謀略，孫權用他統率人馬，大敗劉備於夷陵；後又委以軍事重任，顧雍去世後以他接任丞相。

顧雍有廊廟之才，是最適合的丞相人選，孫權力排衆議，任用顧雍爲相十九年，爲吳國的大治起了重要作用。

除周瑜爲孫策舊臣外，其餘都是孫權親自提拔的。他納魯肅於凡品，拔呂蒙於行陣，用陸遜於威名未著之時，擢顧雍於論資排輩之外。吳國顯得人才濟濟，是因爲孫權善於用人，人盡其才。

孫權善於透過實際考察，發現部下的優點和長處，根據不同特點把他們放在適當的位子上，使他們各得其所。

他善於用發展的眼光看人，對他們的前途有準確的估計；一旦認定是值得培養和提拔的苗子，就大膽起用，付以重任，爲其脫穎而出創造條件。

用人不疑，用人貴專。如用周瑜時，劉備、曹操都試圖離間他們君臣，孫權均不爲所動。如用陸遜，在與蜀恢復盟好期間，孫權甚至把自己的印給他，使之以自己的名義與諸葛亮聯絡，以便宜於行事。

我們即使不曾爲「官」，沒有下級，孫權的這些用人原則對我們與人交往，也應該是有借鑒意義的。

同人打交道，宜善察對方之長處和缺點；其優長可作為學習的範本，其缺陷可作為避免的前車之鑒。這樣，在與人交往中可以受到教益。另外，知彼甚深，也使我們容易與人相處。

看人要全面地看，要看他可能的發展，不因一時一事而把一個人看死；只有這樣，才能對他有較準確的評價。如果是對友人，這樣確定的友誼才能經得起時間的考驗。

待人以誠，是為人處世之本。對人應有基本的信任。不應輕易懷疑一個人。「寧可天下負我，不可我負天下人。」如此待人，才能處理好同周圍人的人際關係。

孫權用人務盡其才，於是國家昌盛。

我們待人務察其才，於是「三人行則必有我師」。

誰是好人

我們平時往往喜歡「媚友」而不喜歡「諍友」；這眞是可怕的習性！

呂范曾任孫策的財物主管。那時孫權還年輕，私下找呂范要點錢花。每次呂范都要告訴孫策，從不曾擅自答應。

在同一時期，孫權任陽羨縣令。他的私人開支孫策有時要檢查，看是否用得過度。功曹周谷總是把孫權用多了的錢列入公家的賬上報銷，使他不致受孫策責備。當時孫權是很喜歡周谷的。

到了孫權接任江東領袖以後，以呂范對公事忠誠，不徇私，對他加以重用；面對周谷，以其人有擅改賬本做假賬的本事，完全不用他。

由此可見孫權是一個明於人之好壞的賢明之主。

任人唯賢，是用人的原則。判定一個人賢與不賢，好與壞，忠與奸，要看他對國家的態度。忠於國事，不以權謀私，這是對一個可用之才的起碼要求。若無此品質，其它一切都談不上。

這話說起來簡單明確，實行起來頗不容易。人與人除了公事、國事以外，還有私交，個人友誼。這些東西混雜在一起，就會使問題複雜化。特別是歷代帝王，多把自己和國家等同起來，以對「朕」如何而判忠奸：無論行爲有多不端，性情有多邪僻，只要對「朕」表示效忠，能使「朕」喜歡，就是好人和賢臣。

由此看來，孫權用人能夠如此，確實可稱賢明。在他看來，即使他貴爲一國之君，也不能以私交而廢國事。從私誼來說，周谷是個夠朋友的好人，但他對公事不忠，不能用他；呂范不講私人交情，不夠朋友，但他忠於國事，所以堪爲大用。

孫權能夠如此用人，諂媚小人就不敢接近和迷惑他，忠君體國之士就會踴躍報效。作爲一個雄才大略的君主，孫權想達到的政治效果，也就是如此吧？而吳國政治清明的局面，與他的這種用人之道是分不開的。

我們平素待人接物，經歷的事多了，閱歷也就深了，就會發現，要辨識一個人的好壞忠奸，不是一件容易的事。

有的人，你同他接觸時，覺得他什麼都好，善解人意，說話中聽，做事得體，幾乎挑不出什麼毛病，似乎是很合適的朋友；如果他是在有意迎合你，對你深藏不露他的個性和眞實思想，這樣的朋友就很可疑了。

這樣的人在你得意時，爲了巴結你，不惜用諸如造假賬這樣的歪門邪道來討你歡心，而一旦你倒了霉，遇上了大麻煩，地位大大下降，他就會很快棄你而去，或對你前恭後倨，甚至還可能落井下石陷害於你。這種勢利小人我們見識得還少嗎？

相比而言，倒是那些諍友更可信賴些。他們不是對你百依百順，而是常常對你提出不同意見，有時還很尖銳，讓你接受不了。但是，至少他們待你是眞誠的，並非是有求於你而有意討好。這樣的人，在你遇到困難的時候，或許還可以指望他們的幫助。

但我們平時往往喜歡「媚友」而不喜歡「諍友」，多可怕的習性！

願我們都能像孫權一樣善辨好人和壞人！

且容小過攬大才

金無足赤，人無完人；待人寬容，自可從容！

還是這個呂范。他比較講究穿著打扮，出門的車馬也很排場。於是有人給孫權打小報告，說呂范與人比服飾，他穿的服裝、戴的飾品就像君王一樣。

孫權說：「古時候管仲有無禮的行爲，齊桓公十分寬大而容忍了他，這對齊國的霸業沒有什麼損害。現在呂范並沒有管仲那樣的過失，只是用的東西精緻一些，坐的車船齊整一點，這正好壯我軍容，對於我們國家的治理有什麼損害呢？」告發的人就不敢再說什麼。

大將甘寧、朱恆，都有性情粗暴好殺的毛病，有時還違抗孫權的命令。因爲他們是難得的將才，孫權也就寬待他們，沒有計較其過失，給他們立大功的機會。

像這樣的例子還有不少。

對於部下不求全責備，而是用其所長，這是孫權的一個用人原則。金無足赤，人無完人；如果求全責備，恐怕就沒有多少人好用了。當然，容人小過，並非此人就無過；只是因爲他是個人才，人才難得，爲了不因小過而失其才，兩相衡量，容小過而給他充分的機會建大功，這樣於國有利。

待人寬容也是我們應提倡的處世之道。

寬以待人是同嚴於律己聯繫在一起的。能寬容地對待他人，首先得正視自身的弱點和問題，承認自己不是「老子天下第一」，同他人是平等的，也是芸芸衆生之一員。人生在世重要的是嚴格要求自己，不斷加強自身修養，提高自身素質，盡可能地克服缺點和少犯錯誤。

對他人的過失持一種寬容的態度，這是一種精神境界。我們每個人都和別人一樣有缺點和可能犯錯誤。從這個意義說，他人的缺點就是我們的缺點，他人的過失也就是我們的過失。如果我們不能保證自己永遠不犯錯誤，對於他人的過失就應該寬容。

寬以待人是富於同情心的表現。在這個物慾橫流、人情淡漠的社會，要有豐富的同情心可不容易。處此「機械化」世界，持佛祖和菩薩心腸，容他人難容之事，是一深層修煉。

容人之過，不是提倡是非不分，好壞不辨，顛倒黑白。而是說人誰無過失；既然他已有過失，就要允許他改正錯誤，而不是就此一棍子打死。寬容是給犯錯者一個改正錯誤的機會。

寬以待人也是交友之道。交友須得志同道合，如果志趣根本不一，就談不上是朋友。但志趣相投的人也並非什麼都是一致的。對於朋友的「異」，即某些地方的與己不合，包括他的一些缺點，我們是可以持寬容態度的。

朋友之間應該求同存異，揚長補短。這樣才能使友誼長久保持，互相促進。寬以待友，從根本上說就是尊重朋友的個性、獨立性和自我的價值。相互尊重是友誼的基礎。

待人寬容，自可從容！

不以好惡棄人

不求人待我好，只求我對人公平！

有兩個人孫權是很不喜歡的。一個是張昭，一個是虞翻。

張昭性情剛硬，常常以老賣老，當衆與孫權抗爭，「辭氣壯厲，義形於色」，使孫權下不了台。所以一段時間孫權沒有要他上朝。

虞翻自恃有才，狂放不羈，屢次對孫權無禮。孫權最後把他流放到交州。

蜀國有使者來，當朝誇耀蜀國的功德，當時群臣之中卻沒有一個人能夠出來與他抗議爭辯的。於是孫權感嘆地說：「如果張公在這裡，這人即使不屈服也會感到垂頭喪氣，哪裡還能自我誇耀呢？」第二天他就派人慰問張昭，並親自請張昭入朝。

孫權曾派將士往遼東作戰，因海風襲擊，損失巨大。他很後悔這一決策，於是在命令中說：「古時趙簡子稱，諸君之唯唯諾諾，不如周舍的有話直說。虞翻忠亮正直，善於把想說的話說出來，是我國的周舍。如果他在這裡，就一定能說服我取消這次出征。」他督問交州並指示說，虞翻如果還活著，就讓他坐船回都城；如果已經故世，就送喪回他家，讓他的兒子爲官。

孫權雖然不喜歡這兩個人，並不因此而抹殺他們的優點。在能發揮其長處的時候，他立即記起他們，並把他們放到適當的位置上。

要做到這一點是不容易的，因爲他們常使他難堪，使他下不了台，在衆人面前丟他的面子。這對於一般人來說都是難於忍受的，何況處於帝王高位的孫權。

孫權是有肚量的，能容人，不以一己之好惡而放棄人才。

相比之下，現在許多當頭頭的，恐怕還達不到孫仲謀的這種雅量。

不過當頭頭的也不會有什麼人看我這樣的書；我們暫且撇開他們不談，談談我們自己。

我們在平日與人交往中，也應該不以一己之好惡而棄人。

我們討厭一個人，或因其品行不端，有違我們認可的道德規範；或者是觸犯了我們自身的利益，冒犯了我們等等。

道德價值是相對的。我們認爲是不端的品行，他自己可能認爲很好。反過來也一樣。只要他不把自己的價值標準強加在我們身上，就可以同他和睦相處。道不同不相與謀，這是對的。道不同則白眼相向或老死不相往來，就有失厚道，是犯不著的。

我們不喜歡甚至討厭冒犯了我們的人，這也很正常。但我們不能由此得出結論說，這人就不是好人或一無是處等等。不要因爲自己的好惡，而影響對人評價的公正。

呂蒙年少時未讀書，每陳大事，只有以口代筆。江夏太守蔡遺以此很瞧不起他，並且常在孫權面前說他的壞話。等到孫權要呂蒙推薦優秀官員時，呂蒙卻推薦了蔡遺。

這是一個不以好惡或恩怨而棄人的榜樣。孫權說呂蒙不只是一勇之夫，而一個國士。

不求人待我好，只求我對人公平！

敵人的兒子

對於平素反對我們的人，如果他們反對得是對的，我們就應該虛心接受，不要存什麼芥蒂之心。

劉基是劉繇的兒子。劉繇被孫策打敗，逃亡異地，最後死在那裡。按說劉基與孫權應該是敵對關係，然而孫權卻重用劉基。他爲吳王時，把劉基的官提昇到大司農的高位。

而且在別的方面也恩寵有加。一次大熱天孫權在船中宴飲，下起了雷陣雨，孫權除了拿傘蓋給自己遮雨外，還命人給劉基打傘蓋，其餘陪酒的人卻沒有這種殊遇。

孫權還特別聽劉基的勸諫。虞翻對孫權大不敬，孫權大怒，而要拔劍親手殺他，是劉基力諫才保住虞翻的一條性命。孫權的脾氣是厲害的，若其他人來勸，恐怕只會加深孫權的怒氣。

孫權善待劉基的初意，或許是想招攬人心、網羅劉繇舊部，而到後來，就純粹是把劉基看作是一個難得的人才了。

劉基在居父喪期間極盡孝禮，而且對其父部下的任何饋贈都一概不受。他長得「姿容美好」，一表人才。孫權因此很敬重和喜愛他。加之他還有其他方面的長處，孫權重用了他。

能重用敵人的兒子，不存任何戒心，這足見孫權是一個雄略之主，度量強大，對自己人格的力量充滿信心。

對於平素反對我們的人，我們也應該有這種氣量和自信。

由於這樣那樣的原因，我們往往還得同那些反對我們的人共事。這時，我們應該有肚量。如果事實證明他們的反對錯了，我們不須再多計較，得理且讓人。如果他們反對得是對的，我們就應該虛心接受，不要存什麼芥蒂之心。

人是隨時間、情況變化的。過去反對過我們的人，今天不一定還反對我們。因此事反對我們的，因彼事還可能支持我們。我們又何必滯礙計較於一時的恩怨和意氣，何不把自己的胸懷放開闊一些呢？

敢於同懷有敵意的人打交道和共事，不害怕他們，這是有自信心的表現。其中還應區別幾種情況。

一種情況是對方品質不好，出於嫉妒等等心理而懷有敵意。在同對方打交道時，如果他無理取鬧，正好藉此機會義正辭嚴地給其一個教訓，使他今後再不敢小看我輩。

一種情況是出於誤會而有敵意。在同對方交往中正好有機會解釋清楚。只要眞誠待人，就可消除這種誤會，化解敵意。

一種情況是對我們確實存在的缺點和錯誤不滿。一旦搞淸楚情況，我們就應該坦率認錯，主動改正。這樣也就可能化敵爲友。

無論在哪一種情況下，不怕同有敵意者打交道總是有益的。當然，這得要求我們有足夠強大的精神力量，這也就是說，意志要堅強，胸懷要開闊，個性要鮮明，人格要高尙。

以前我曾引用過王夫之的話：「一人行則得其友。」

現在我要加上一句：一人行則無敵於天下！

不沒全琮之功

只要盡心盡力，不論其實效如何，都應好好給予獎賞，這是用人之智。

漢建安二十四年，劉備使關羽圍攻襄樊。全琮上疏給孫權，說明可以討伐關羽的理由和計策。這時孫權已經同呂蒙暗中商議好了襲擊關羽的辦法。爲了不使事情洩漏，孫權把全琮的表奏壓著，沒有作任何回答。

等到擒獲關羽，取得勝利，孫權在公安置酒慶賀，這時他對全琮說：「你以前陳述討伐關羽之策，我雖然沒有回答，今天的勝利，你也是有功的。」於是封他爲華亭侯。

全琮獻策，衆人都不知曉。襲取荆州的過程，全琮也未參與。而孫權商定奪取荆州的計劃是在全琮上奏之前。從實際效果來說，全琮獻計並無什麼功勞，孫權如果不表彰他，全琮也不會自以爲有功。

然而孫權不沒全琮之功，還封他爲侯。這固然是他待臣下厚道。更體現出他用人高明之處。

爲什麼這樣說？這種做法不僅對全琮是一個激勵和鼓舞，對衆臣都是一種積極的導向；只要他們爲國事盡心盡力，不論其實效如何，主上都是知道的，並且會給以很高的獎賞。既然如此，他的部下怎麼會不竭力效命呢？

作爲一個雄才大略的君主，孫權時時考慮的就是如何使衆人樂於爲國家，也就是爲他盡忠效命。他在這一方面確實做得很出色。吳國能夠不斷得到開拓和發展，是同孫權這一方面的努力分不開的。

秦末楚漢相爭，本來楚霸王項羽很有優勢，但他在論功行賞方面很是吝嗇，封賞將士的印信在他手中都快磨圓了，還捨不得給人。於是將士不肯用命。這是他失敗的一個重要原因。

讀史讀到這裡，我很難把「力拔山兮氣蓋世」的楚霸王同巴爾扎克小說中的吝嗇鬼葛朗台的形象融合在一起。但實際上這兩種特質確實可以結合在一個人身上。歷史上的眞實人物總是要比我們想像的更複雜一些。

同項羽相比，孫權才是眞正有雄才大略的政治家。該慷慨的地方他是決不吝嗇的。

看到孫權不沒全琮之功，將古人比今人，我很爲今人感到慚愧。別的領域我不太熟悉，且說說學術研究這一塊。看一方淨土，其實也有很髒的地方。欺世盜名者不乏其人。

胸無點墨者，公然可以充當一本本專著的主編、主撰人，貪他人之功爲己有，因其手中有權或有錢。當然，這也是因爲有那些自甘墮落，主動把自己的東西送上門，署上頭頭或大款的大名，以求得到提拔、照顧和好處的文丐們。這兩者互爲狼狽，很難說誰更無恥一些。

這兩種人又很可憐。他們都不是學問中人，又要在學術界混，只能這樣把學界當官場或商場。你說他可憐，他反過來還可憐你，說你不識時務，終沒有他過得實惠而又左右逢源。他也自有他的道理。

其實誰都不用比，只要比一比孫權。

虛心與主見

要總體地深入地把握前人的思想，便需有獨立的見解。

孫權有一個好的習慣：每逢大的決策，都要大臣們計議；根據他們的意見，最後再作決定。

陸遜曾上疏建議施德緩刑、寬賦息調。孫權一方面作答覆，說明自己制定刑法、徵收戶調的道理，同時又說，既然你上表提出意見，那就應當重新諮詢商量，務必使法令切實可行。他下令有關官吏寫出全部法令條款，派專人送給陸遜和諸葛瑾，讓他們對感到不妥當的地方作出增刪修改。

關於高級官吏因奔喪而廢棄公事應作何處理，孫權也專門下詔讓朝內外大臣商議，拿出一個比較合適的意見來。

在孫權身上有兩個特點。一個是能虛心採納衆人的意見，一個是有自己的主見。這兩個看似難以兼顧的特點，在孫權那裡往往結合得很好。

眾議紛紜，莫衷一是。決策者既要盡可能廣泛地聽取各方面的意見，又不能被這些紛雜的意見渦流所裹挾和呑沒，而要駕御它們，透過篩選、過濾，取其精華，使衆人的智慧由雜亂無章的碎片有機地組合成有巨大力量的整體。

有主見是好的，但不宜固執滯礙，而應隨時根據衆人的意見對之修正補充。如果在博採衆議中發現，自己原先的見解確實錯了，也應立即改正過來。這不叫沒有主見，而是善於集思廣益。

雄略之主，每遇大事，即有自己的主見：「任你弱水三千，我只取一瓢飲」；又能集衆人之長，來充實自己的見解：「我雖只有一瓢，能容弱水三千」。

其實做什麼事情都要把握好這兩者之間的關係。

拿我們這些寫文章的人來說，也得既有主見又有虛心。

寫文章應該力求有新意，有不同於他人的獨立見解，成一家之言。這是很重要的。所謂「語不驚人死不休」。如果人云亦云，把通行的觀點重複一遍，吃別人嚼過的饅頭，那就沒有意思了。

另一方面，寫文章，做學問，如果完全不願及他人的見解，不參考前人的成果，難免不成井底之蛙。自以爲是獨出的新見，不知前人早已述及，如此拿了出來，豈不貽笑大方？

要把握好這兩者殊爲不易。而一旦深入進去，就會發現，這看似互不相容的兩種特質其實是相反相成，互爲補充的。

創造性的眞知灼見來源於對過去材料的全面深刻的了解。推陳出新，溫故而知新。如果說我們現在站得很高，那是因爲我們站在巨人的肩膀上，這個巨人就是前人所達到的高度。

要總體地深入地把握前人的思想，我們必須有獨立的見解。前人之見有如散亂的珠子，我們得用自己的一家之言這根線索把它們貫穿在一起。

主見和虛心是一對孿生姊妹，我們不要拆散了她們！

一個坦率認錯的君王

人們尊重的還是那些勇於承認自己錯誤的人，而不是那些諱疾忌醫者。

孫權是一個敢於坦率認錯的君主。他一旦發現自己的決策有誤，或什麼事搞錯了，就在衆人面前坦率承認，不加掩飾。

他曾重用校事呂壹。呂壹爲人苛刻殘忍，執法嚴酷狠毒，還利用孫權對他的信任擅作威作福，假公濟私。舉國大臣，自丞相顧雍以下，幾乎沒有不被他羅織罪名加以誣陷的。太子孫登屢次向孫權進諫此事，孫權不聽。於是大臣們都不敢再說什麼。一時間，搞得吳國人人自危，君臣上下關係十分緊張。

後來，還是孫權自己發現呂壹的問題，依法處了他的死罪。

接著，孫權主動承認過失，責備自己，派專使向諸大將謝過，並向他們徵求對國事的意見。當接到回報得知他們猶心有餘悸、不肯多言時，又寫了一封自責甚重、言懇意切的〈罪己詔〉，再次要他們多提意見。

孫權因立嗣問題多次派人責備陸遜，陸遜要求來都城申辯，孫權不許。陸遜因此憂憤而死。後來孫權了解到陸遜是被人誣告，就流著淚對其子陸抗說：「以前我聽信讒言，同你父親的友誼最後未能善始善終，我感到很對不起你。那些誣告你父親的材料我都一把火燒了，不要再讓任何人看到。」

這樣的事例還不少。身爲帝王的孫權，能夠這樣坦率承認錯誤，殊爲不易。人非聖賢，孰能無過？但怎樣對待自己所犯的過失，情況就各不一樣。知道自己錯了，但不肯承認錯誤，往往是爲了維護自己完美的形象，死要面子。如果是當頭頭的，除了自己不認錯，還不許別人說他錯。特別是當帝王的，若有人指出他的錯來，這人還有被殺的危險。

其實我想，人們尊重的還是那些勇於承認自己錯誤的人，而不是那些諱疾忌醫者。

我們對那些自我標榜爲一貫正確的人十分反感，因爲並沒有一貫正確這樣的事情。人怎麼可能一貫正確呢？除非他製造的是假像。但維護假形象者其假像最終會被戳穿，要面子的最後會大丟其臉面。

像孫權這樣的處高位者，他們如果堅持不認錯，關涉到的就不僅僅只是他們的面子，而會嚴重影響到國計民生。正所謂「君王一虛榮，百姓數生死」。被虛假的正確所掩蓋的錯誤要比赤裸裸的錯誤可怕百倍。所以我說像孫權這樣坦率認錯的帝王難得。

我們對那些勇於認錯者有一種尊重和親切的感覺。我們覺得他們很眞誠，不弄虛作假。他們不是神化自己以便凌駕於我們之上，而是對我們說，咱們都一樣，也會摔跤跌跟斗！

坦率承認自己的錯誤，這是一種優秀的品質，是有高度修養的表現，非大智大勇者不能爲。

坦率承認自己的錯誤，這表明一個人對自己充滿自信，不會因爲跌一個跟斗就爬不起來，反而會在今後的路上走得既穩重又快捷。

坦率認錯者眞是不錯！

白狐與白裘

個人的力量就像一張駁雜不純的狐皮，把衆人的力量和智慧集中起來以安邦治國，就如同從一張雜毛狐皮中抽取白色的狐毛，最後製成一件純白的狐毛大衣。

孫權在給諸葛瑾等大將的詔書中，談到要集中衆人之長時，打了一個比方。他說：「天下沒有純白的狐狸，卻有純白的狐毛大衣，這是許多白狐毛集中起來而製成的，能夠把駁雜不純的東西變成純粹的東西，這不是衆多積累而成的嗎？所以說能夠運用衆人的力量，就可以無敵於天下；能夠運用衆人的智慧，就連聖人也不懼怕了。」

這個比方打得很好。

吳國的國力比魏國弱小得多，又沒有蜀國以劉姓正統號召天下的優勢，它能與魏、蜀鼎立而三，靠的就是能用衆人的力量和智慧。

一個個人的力量就像一張張駁雜不純的狐皮，把衆人的力量和智慧集中起來以安邦治國，就如同從一張張雜毛狐皮中抽取白色的狐毛，最後製成一件純白的狐毛大衣。這個抽取和集中編織的工作，主要由孫權這樣的組織者和領導者來進行。

這個去粗取精、去雜取純、積少成多、編織組合的工作無疑是很重要的。當權者是否善於集中衆人之長，對於一個國家的興旺發達來講是至關重要。

純白之物，世上本無。運用衆人的力量和智慧，可以創造連我們自己都感到驚訝和讚嘆的奇蹟。隨著這種種奇蹟的出現，產生了另一種現象，就是對個人的崇拜。

當權者在取得一些成就後，開始忘乎所以，以爲這件純白狐皮大衣只有他一人才能製成，或者他就是它的化身。

而衆人在種種導引下，也相信了這種種話，對他頂禮膜拜有加，以爲他跟我們之間有本質的區別：一個是有純白之物的神，一個是灰不溜秋的凡常之人。

其實只要靜下心來反省一下，我們和我們的崇拜者都會想到，作爲一個個體，他同我們沒有任何本質的區別，也是無數駁雜不純的狐皮中之一張。僅憑他這一張狐皮，無論怎樣都不可能製成那件純白的大衣。

他之所以顯得與衆不同，是他在集中衆人的力量和智慧中所起的重要作用。他能起這樣的作用，確實是因爲他在某些方面有傑出的才能，而更重要的，是他碰上了好機遇。如果換上另一些人碰上同樣的機遇，也許會做得比他更好。他所起的作用不是不可代替的。從這個意義上說，他同我們任何一個人都沒有本質的區別。

不僅在政治領域，在人類活動的任何一個領域，這種崇拜現象都是一種心理幼稚病。那些狂熱地崇拜他人的人，在另一些場合也需要被他人崇拜。

我們不需要崇拜任何人，我們也不需要被任何人崇拜。因爲在任何偉大的奇蹟中都有我們的一份。

歸根到底，我是說，我們需要崇拜自己。

這樣，我們也就不會輕賤自己。

平等地對待自己，比什麼都好！

豈能盡識天下才

用人不知其短長，有不識人之過；有大才而不能用，有失人之過；奸佞小人而重用之，有不辨忠奸之過。用人之道，不可不愼！

孫權留給我們的印象，最深的就是他會用人。孫策也說，舉賢任能，使各盡其心以保江東，他不如其弟。

但一個人的優點不是絕對的。孫權也有不識人和用錯人的時候。

魯肅死後，孫權以嚴畯代替魯肅，讓他督兵萬人鎭守陸口。嚴畯以「樸素書生，不嫻軍事」固辭，言語十分懇切，說得淚水直流。看來嚴畯眞的是不能勝任軍事首領的職務，並非謙虛。孫權這才把他的位置給了呂蒙。

事後人們都說嚴畯知道自己的短處，能實實在在地讓出位置來。但他們都忘記說，這也表明孫權對於嚴畯的使用不當。

這是用人誤用其短，對人識別有誤。也許嚴畯很有名聲，傳到孫權耳中，孫權認爲他是個人才。人才是不錯的，但他到底是哪方面的人才？這就需要仔細的考察了。而這，孫權做得很不夠。

幸好嚴畯是個有自知之明的人；倘若他眞的接了任，以不懂軍事的一個書生都督一方人馬，鎭守要地，豈不誤了國家大事？

另一個人是張溫。張溫是吳國一個很有才能的人。顧雍對孫權說，張溫當今無輩，即他的才能當世無人可比。諸葛亮對張溫也十分推重。但孫權終於未能用他。

張溫曾推薦同郡暨豔爲選部尙書。暨豔對人苛求，衆官皆受貶損。於是「怨憤盈路，爭言暨豔及選曹郎徐彪專用私情，憎愛不由公理」；暨豔、徐彪都被孫權賜死。張溫因爲平素與他們的意見相同，受到牽連而被貶還鄉，終生不用。

張溫素有名聲，孫權又聽了顧雍的介紹，且派他出使蜀國獲得成功，對張溫是個人才應無疑問。他不用張溫，並非認識問題，是明知其爲人才而不能用。這裡「衆人之言」顯然對他起了作用。

而衆人之言，主要從自身利害關係出發，眞假不一，有的未必不是讒言。張溫、暨豔等的本意，也許是想有一番作爲來報效朝廷，但他們把人得罪光了，沒有人出來爲他們說話，也只有或死或貶。政壇的世態炎涼就是這樣。

「衆人」且不去說他，對於孫權，吳國有這樣的人才而不能用，殊爲可惜！至於任用呂壹，這是誤用奸佞小人。他能在很長一段時間裡擅作威福，誣陷百官，與孫權的態度不能說沒有關係。

呂壹連顧雍、陸遜、諸葛瑾這樣的人都誣陷到了，而孫權竟然能容忍，太子的勸諫也聽不進去，說明其時孫權對呂壹的信任，已超過對這些久經考驗、相知甚深的重臣的信任了。呂壹能夠弄權害人，究其原由還是在孫權身上。

用人不知其短長，有不識人之過；有大才而不能用，有失人之過；奸佞小人而重用之，有不辨忠奸之過。

此三者，皆用人之大忌，而孫權都有觸犯。孫權以善用人而著稱於史，尚且有這樣的過失，何況其餘人等！

用人之道，不可不慎！

尚勇篇

一個打虎帝王

孫權打虎，不為什麼，就是喜歡罷了，可惜在上位者，很多事情卻無法說喜不喜歡，都得去做。

孫權喜歡打虎，喜歡到了入迷的地步。

史書專門記載，漢建安二十三年十月，孫權要去吳郡，親自騎馬在庱亭射虎。他的馬被虎咬傷，孫權用雙戟去刺，老虎受傷後退，常從張世又用戈擊虎，最後把老虎抓住。

這是一幕人虎鬥的驚險場面。

武二郎景陽岡打虎，是過岡遇虎，不得不打。

李逵連挪四虎，是因爲虎食了他的瞎眼母親，他要復仇。

孫權打虎，純粹是爲了尋求刺激，獲取樂趣。

從這一點看，孫權是本色的打虎英雄。

孫權打虎的歷史很長。在他剛接任江東領袖時，就常騎馬打獵射虎，有一次，有隻老虎突然竄近爬上他的馬鞍。後經張昭力諫，改乘一輛特製的射虎車射虎。有時老虎跑到車前進政，他就用手擊虎取樂。以後張昭再三勸諫，孫權只是笑而不答。

到後來大約覺得射虎車不過癮，還是騎馬打獵射虎。

張昭勸諫孫權的話是：「將軍爲什麼要這樣做？爲人君主的，應該是有能力駕御英雄，驅使各種賢才爲自己效命，難道是要馳逐於原野，與猛獸比勇嗎？萬一有閃失，恐怕會成爲天下人的笑柄。」

張昭的話也對，但孫權如此，實在有連自己也無法解釋的原因。

他爲什麼要這樣做？

不爲什麼，就是喜歡。爲人君，國事政務，舉賢任能，謀劃方略，發號施令，這是他的責任，不論喜歡不喜歡，都不得不去做。

而圍獵打虎，這是一種休息，一種娛樂，一種消遣，一種放鬆，也是一種刺激，一種瘋狂。非身入佳境者，怎能體味其中無窮的樂趣？難怪張昭要大惑不解了。

由此看來，一種原始的尙勇和冒險精神已經深入到孫權的骨髓之中。這也許同他自幼的經歷有關。父親因戰事早死，隨兄長轉戰疆場，耳濡目染，切身體驗戰亂、暴力、廝殺、冒險、……等已經融入他的生命。

雖然他自己不一定追求某種效果，但一個敢於同猛虎搏鬥的人，他的非凡勇氣，他的冒險精神，會獲得人們的尊敬。特別是那些尙勇崇武的將軍們，一定會爲自己的這位打虎帝王而自豪。

小說《三國演義》給人的印象是，孫權除了會用幾個人，並且一切全靠這幾個人外，既不能文，又不能武，坐守江東，一無所長。

這個被虛構的無特點的孫權，離歷史上那個眞實的孫權相差得多麼遠！別的且不說，單說這以打虎爲樂的壯舉，歷代帝王之中，又能有幾人？

孫權確實算得上是一位英雄！

喜弄潮

哲人說，人生有無間；與其被動，不如主動。

吳國據長江，且海岸遼闊，很重水軍。

孫權在武昌時，新裝了一條大船，號爲長安。長安號在江上試航，忽起大風。孫權仍要舵工繼續把船往外開。侍衛谷利以刀逼舵工，令其不遵孫權指示，返回樊口。這時風已猛烈得不可航行。

船回後孫權問谷利：「你爲什麼這麼怕水？」谷利的回答是：「大王是萬乘之主，而輕率地面臨不測之淵，游戲於惡浪之中；船樓是這樣的高，萬一遇到危險，那國家怎麼辦呢？所以我才冒死相爭。」

看來孫權的冒險樂趣不儘是在陸上獵虎，也包括在水中弄潮。

漢末三國那個紛爭的時代，群雄割據，強者爲王，沒有冒險和尙勇的精神，就不可能成就基業。適者生存。像孫權這樣富於冒險精神、以顯示勇武爲樂的人就容易取得成功。英雄造時勢，時勢也造英雄。

細細思量，不儘在亂世，人在任何時候都是需要一點冒險精神的。

我長在有江有湖之鄉，喜歡游泳。從小到大，有幾次還差點淹死。現在在水中當然是很自由了，可以一泡一、兩個鐘頭不起來。大風大浪也不怕，於波峰之間顛來倒去，反倒覺得別有一番滋味，好像兒時遊戲似的。

哲人說，人生有無間。處水中對此深有體會。

我想，那些被水淹死的人，多半是因自己的慌亂掙扎乏力而死。其實人在水中只要保持鎮靜，不是那麼容易淹死。

人滿吸一口氣，即使四肢不動也會浮在水面上。吐氣時，人的比重增大，會沉入水中。如果換氣迅速，再加上手腳的配合，人還沒來得及沉下去，又浮上來了。會游泳者就是這樣利用一呼一吸之機在波濤中運動。

這樣，上帝造人（姑且借用這個說法）似乎就是讓人動一動就能活，僵直不動就難免一死。「生命在於運動」在這裡獲得一種關於人的本體狀態的意義。

我們看到的是，那些平時樂於冒險的弄潮兒在水中反而沒有什麼危險，顯得那麼自由和瀟灑；而害怕在水中冒險的「旱鴨子」一旦落水，就難於生存。

由此可以獲得一點啓示：人的生存本身就包含著某種危險，人是生活在有危險的境況中；而要消除危險、化險爲夷，逃避是沒有用的，只能是用我們的冒險精神來戰而勝之。

既然人生如此，與其被動，不如主動。我們何不有意識地保持和弘揚那種可貴的冒險精神向種種危險艱難的境況挑戰？

不只是偏將之勇

對於一個不斷開拓的創業者來說，如果他想大有作爲的話，命運中的諸多風險，是不得不冒的。

孫權在進攻合肥時，欲率小部隊突擊進攻，被張紘勸阻。張紘說：「兵器是凶險的器具，戰事是危險的事情。您現在憑藉年盛力強的氣勢，輕視強大殘暴的敵人，使三軍之衆沒有不寒心的；即使斬將拔旗，威震敵場，這只是偏將的任務，不是主將適宜做的事情。希情您抑制自己的武士之勇，多考慮一些成王成霸的計劃。」

張紘的話不能說沒有道理。但我想，孫權這樣身先士卒，恐怕不僅僅是偏將之勇，他應該還有更多的考慮和緣故。

每有大的軍事行動，孫權總要親自策劃和出征。即使在他當了吳王和稱帝之後也是這樣。

孫權這樣做有幾層意思：

親臨前線，鼓舞士氣

處於開拓創業時期，如果不是身先士卒，就不能讓將士用命。連他這個最高統帥都親自上了陣，全軍上下敢不下死力作戰嗎？

兩軍相逢勇者勝。統帥表現了勇敢無畏的氣概和樂於冒險的精神，就給部下作出了榜樣，其鼓舞和激勵作用是別的東西無法代替的。

親探敵情，以便決策

作爲統帥，要能確切掌握情況，最好是親臨第一線視察，特別是在有重大戰略行動、需要作出決策的時候。

戰場上情況瞬息萬變，如果遠離戰地，只是根據戰報了解情況和透過遙控指揮作戰，那是不得要領的，難免貽誤戰機。

將才不足，以己充之

打仗有「千軍易得，一將難求」的說法。吳國人才雖有不少，然而足當統帥之任的也沒有幾個。堪當大任的周瑜、魯肅相繼去世；而呂蒙、陸遜等年齡尚輕，經驗不足，付以大任尚需時日；後來呂蒙也很早病逝。所以孫權不得不常親自領軍作戰。

身先士卒，親臨前線，這是要冒一定程度的風險的，這包括了作戰陣亡時的危險。孫權進攻合肥不利，撤軍時，在逍遙津險些被張遼活捉或殺死。對於一個不斷開拓的創業君主來說，冒這種風險是他不得不接受的命運，如果他想大有作爲的話。

孫權接任江東領袖五十餘年，大小征戰不計其數。他能夠不斷拓展吳國的疆土，使之發展壯大，同他親自領軍努力征戰殺敵是分不開的。

大將朱恆遠征，孫權置酒送行。朱恆說，他臨行有一個願望，如果得到滿足就沒有什麼遺憾了。這個願望就是想摸一摸孫權的鬍鬚。孫權就讓他摸。朱恆說：「我今天終於摸了虎鬚了！」高興得不得了。孫權也大笑。

朱恆對孫權的崇拜和敬愛之情由此趣事躍然紙上。這是士兵對將軍的愛。將軍同他們長期患難相交、生死與共，是他們的榜樣和偶像。這種愛，是坐守朝廷、不登疆場的君王享受不到的。

生子當如孫仲謀

「生子當如孫仲謀」，這是曹操對孫權的讚嘆。

曹操率大軍與孫權在濡須相持，孫權親自乘一輕舟深入曹軍刺探情況。走了五、六里，回來時在船上奏起吹鼓樂。曹操看到孫權船上軍械嚴整，調度有方，感嘆地說：「生兒子就應該像孫權；劉表的兒子簡直就像豬狗一樣！」

曹操的年紀比孫權大了一倍，這樣就算是對孫權最高的評價了。後人根據這句話，還寫了一首詞，其中讚嘆道：「天下英雄誰敵手？曹、劉。生子當如孫仲謀！」

孫權夠得上是一位與曹操、劉備爭霸天下的英雄。

孫策臨終時對孫權說：「決機於兩陣之間，與天下爭衡，你不如我。」看來孫策對其弟的軍事才能和爭奪天下的能力還缺乏信心，只要求他能夠善用手下的人保住江東已有的地盤。

這也難怪孫策。當時孫權才十七、八歲，他能做到個什麼程度誰也說不準。不過有一點是肯定的：如果只是一昧「守成」而不是在不斷開拓中鞏固和擴大已有的勢力範圍，最後只能被更強大者所吞併。

孫權的實際表現說明他的軍事才能和與天下爭衡的能力至少是不弱於其兄。不然的話，曹操也不會對他作出這樣高的評價。孫策九泉之下有知，一定會為自己托付得當，為其弟的卓越才能感到萬分欣慰。

當時天下紛爭，群雄割據，弱肉強食。一昧守成的結果，看似穩妥，最終只能是失敗和滅亡。要不被吞併，就要有與天下英雄爭衡的能力，使自己的地盤不斷地得到鞏固和發展。在這個爭奪過程中，是要不斷承受各種風險的。

孫權在位五十餘年，特別是頭幾十年，主要的事情就是親自領軍征戰，決機於兩陣之間，與曹、劉等抗衡以爭奪天下。他的都城幾經變更，都是從戰略中心地位的角度考慮的。他從未想過要當一個安穩的君王。他已經習慣於在充滿風險的戰鬥中度過一生。

這種習慣使得他有時在沒有必要的情況下，也冒著危險親臨前線，深入敵陣。為此，部下對他有過多次勸諫。

孫權在臨陣對敵上做得似乎有些過分。這焉知不是孫策臨終時的話使他有些耿耿於懷，要用事實來反駁其兄的評價？很可能。

其實他的一生業績已經是一份得分非常高的答卷。

孫權與孫策在性格、氣質上確有差異。孫策更瀟灑倜儻一些，而孫權則顯得較為深沉穩重。但他們兄弟更多一些共同的地方，這就是富於冒險精神，尚勇好武。很有意味的是，他們也都喜歡打獵到了著迷的程度。

只是孫策因打獵而喪命；孫權雖也屢遭猛虎襲擊，卻有驚無險，算是福大命大吧！

赤壁抗曹英雄顯本色

人生能有幾回搏？在需要的時候，我們何不去搏它一回！

親臨前線、身先士卒，對於孫權這種地位的人來說，還不是表現其勇敢和富於冒險精神最典型的場合。但是，更能體現出他的非凡勇氣的，是在重大決策上的態度。

曹操南下荆州，降劉琮，敗劉備，逼迫孫權俯首歸降。這是對孫權勇氣的一次最大的考驗。衆大臣除一、二人外，都料定抵敵不住，主張不如投降。而且孫策臨終時還對張昭留下話：「萬一形勢不對，可以逐漸向曹操歸降。」

孫策當時對其弟孫權的才能並沒有十分的把握，他的這個話也是爲了留有餘地，圖個保全孫氏一門性命。如降曹，雖然從此作爲一股政治勢力已經不復存在，但不僅性命可保，由於歸順有功，還不失封侯之位。這是一條不承擔任何風險的出路。

如果決定抗曹，以曹操人馬之衆，勢力之強，確實沒有把握必勝。這樣就要擔當極大的風險。若抵抗失敗，不僅歸降的任何好處都得不到了，而且身家性命恐怕都無法保全。

孫權選擇了戰。他決心承擔一切可能的風險。他不但決定抗曹到底：「孤與老賊，勢不兩立。」而且將兵交付周瑜時還說：「萬一你不如意，可將兵交還給我，我當與曹孟德決一死戰。」他時刻準備著親自上陣。

在內部，他也用果斷的方式遏制了投降派的狂潮。他拔刀砍下奏案一角說：「誰敢再說投降曹操，就跟它一樣！」

我想，即使孫策在世，能夠做到的，也不過如此。

孫權冒險決戰，取得了成功。赤壁一戰，改變了當時中國的格局，爲三國鼎立之勢奠定了一個堅實的基礎。

可以說，是孫權的冒險精神和非凡的勇氣決定了整個中國的形勢；他本來也可以作出另一種選擇，而那樣一來，中國也許就會是兩個樣子。

所謂冒險的活動或決策，就是說，如果成功，其結果意義重大，可以開創一個嶄新局面；如果失敗，其結果比不冒險更慘，在軍事上就是全軍覆沒，在人身上就是性命不保。

人們爲孫權考慮的利害得失，他自己不會考慮不到。而他堅持要冒險抗敵，這說明他胸中已有一定之規：寧爲玉碎，不爲瓦全。他不能設想自己去作劉琮那樣的選擇：放棄江東基業以換取苟且偷生。他認爲這樣活著還不如戰死。不冒此險，活著不如死去；拼死冒險，雖可能死，同時也就有了按自己希望的方式活下去的契機。

人生在世，有時不得不冒險。

一個人一生總有幾個大關口。拼一拼，冒一冒險，過去了；怕冒險，就過不去，或者說，雖然活著，但窩囊。

人生能有幾回搏？在需要的時候，我們何不去搏它一回！

一著險棋奪荊州

人生在世，有時不得不冒險。

孫權也知道，奪荊州是一著險棋。其風險不在奪荊州這個行動本身，而在於其後果及連鎖反應。這一行動開始後，吳蜀聯盟破裂，蜀軍必大肆來犯；若此時魏國趁機夾攻，吳國就很危險了。但若不趁關羽攻襄陽之機奪取荊州，吳國就始終處於兩面受敵、被人扼住要害的威脅之中。所以奪荊州是一次不得不進行的風險。雖然壓力極大，後果難測，還是得做。這確實是一著險棋。

奪荊州的行動倒是出奇的順利，幾乎兵不血刃就獲得完滿成功。此後東吳的情況逐漸艱難，最後到了可以說是孫權一生最困難，也是最危險的時期。

劉備大舉進攻時，孫權作的一切努力，也就是盡量避免兩面受敵作戰。如果蜀、魏同時夾攻，以吳國的弱小實力，恐怕就無法招架對付。魏國也不乏能人，如劉曄就勸過曹丕趁機伐吳，只是曹丕未能採納他的意見。否則中國的形勢可能又是兩樣。

但曹丕也不是傻瓜。他一再要求孫權送兒子到魏國做人質，以示眞心歸降。孫權哪裡肯送，就千方百計找藉口。曹丕畢竟疑心，再三追逼。此時劉備與陸遜在夷陵長期相持，勝負未決。吳國山越趁機內亂，還得派兵鎭壓。一時間，搞得孫權手忙腳亂，應接不暇。

幸好夷陵之戰終有結果，劉備大敗輸虧。等到曹丕醒悟過來，派兵入侵時，吳國已有所準備，終於避免了兩面受敵作戰的危險局面。在這整個過程中，我想，孫權始終是捏著一把汗的。

赤壁抗曹的局面也很凶險，但較爲簡單。一旦決定抵抗，就沒有任何調和折衷的餘地。要麼勝，要麼敗。所以作出決斷後人反而較鬆一些。而且時間很短，眞正決定勝負也就是那麼幾天。

奪荊州以後的局勢是既凶險又複雜的，得時時刻刻根據情況的變化來調整方略，以採取對策。既要對付蜀，又要對付魏；既有軍事，又有外交；既有外敵，又有內患；……其壓力是越來越大；而且在時間的持續上很長，前後竟達數年之久。

由此看來，奪荊州這一著險棋比赤壁抗曹更爲厲害。它對於決策者的勇氣和意志力的考驗更爲持久而深刻。這一著棋下得好，取得的成果也更大，下得不好，也就敗得更慘。

最後的結局當然是孫權贏了。他奪取了荊州戰略要地，據有長江中下游整個地區，蜀國再無可能進攻吳國，魏國也失去了進攻吳國的最好機會。三國鼎立的局面，至此才最後形成。

孫權的這一著險棋是很要得的。

他再一次用自己的冒險精神和非凡的勇氣改寫了歷史。

冒險與求穩

富於冒險精神，就能夠不斷開拓和進取，如果同時又能穩重沉著，多謀深思，就可以盡量避免在開拓和進取中的失誤。

孫權確實是富於冒險精神的人。

同時我們還看到，他一生中幾乎沒有打過大敗仗——就像劉備在夷陵、曹操在赤壁那樣的敗仗。

他身上還有另一個方面的特點，就是穩重。不看準時機，他不會輕易大動干戈。

魏明帝曹叡死，兒子曹芳繼位。有大臣上奏請孫權趁此機會動員吳國全部軍隊，由襄陽、淮南、淮北三個方面向魏國進攻，認為可以藉此一舉平定魏國。這個建議描畫的前景是誘人的，但孫權並沒有採納它。

據史書記載，孫權有過多次出兵，看到勢頭不對就趕緊撤回來的記錄。他從不輕易動用重兵作戰。

既富於冒險精神，又穩重沉重，每臨大事有靜氣，這是一個開國君主應有的性格和修養。

說到冒險和勇敢精神，人們往往把它同莽撞、無謀聯繫在一起。有些富於冒險精神的人確實是這樣的。但孫權可不莽撞！

有的人勇武有餘，而穩健不足。他們富於冒險精神，敢闖敢拼，但做事不顧及後果，不會動腦筋，常常一昧蠻幹。這樣的人只堪用作偏將，或一馬當先的前鋒；要用爲總攬大局的大將或統帥是不適宜的。

有的人穩健有餘，而勇武不足。他們善於思考，三思而後行，不做無把握的事，但行動過於謹慎，應決斷時猶豫不決，該拼殺時下不了狠心。這樣的人只堪用作謀士或幕僚，也不宜付以大任。

富於冒險精神，就能夠不斷開拓和進取，如果同時又能穩重沉著，多謀深思，就可以盡量避免在開拓和進取中的失誤。這兩種似乎是互不相容甚至相反的氣質如能結合在一起，就形成了可貴的複合型人格；它要比單一的性格在成就事業上有價值得多。

這兩種相反氣質的融合和統一不是一件容易的事。它需要不間斷的修養和磨練功夫。綜合有這兩種氣質的人在面臨著重大決策時，常常會感到它們之間的衝突，其考慮問題也就比那些單純型性格的人複雜得多。

他們既要看到這一頭，又得兼顧那一頭。問題的兩個方面孰主孰從，孰輕孰重；怎樣才能達到最好的平衡；……都得根據每一具體情況力求作出最佳的選擇和決斷。因此他們深感自身責任之重大；在作重大決策時，其心情往往是沉重的。

像孫權這樣具有複合型性格的人是複雜的：性格複雜，思想情感複雜，行為也是複雜多變的。不是如此，他也當不了一個開國創業的雄略之主。

看歷史，又有哪一個偉大人物不是複雜而耐人揣摩的呢？

但願我們這本書沒有把孫權簡單化，而還讀者一個本眞的孫權！

「是儀」之勇

世人誰不願意當英雄，當勇敢者，誰又願意背上一個膿包和懦夫的名聲？

什麼是勇者，你能解釋清楚嗎？

像孫權這樣的人當然應該算是英雄，是亂世英雄，是勇敢者。

但是否還有完全不同的另一種英雄和勇敢者呢？

我想應該有。

孫權手下有個叫「是儀」的，爲人正直有骨氣。呂壹當權時，平白誣告江夏太守刁嘉誹謗朝政，孫權大怒，把刁嘉抓了起來，叫人仔細審問。

當時呂壹專權，陷害無辜，衆臣人人自危，一片恐怖氣氛。當問到因此事受牽連的衆人時，他們害怕呂壹的淫威，爲了解脫自己，都違心地說聽到刁嘉誹謗朝政。唯獨是儀說什麼都沒有聽到。

於是所有的矛頭都集中到是儀的身上。審問者接連多日不停地逼問是儀，孫權的旨意也就越來越嚴厲。群臣戰戰兢兢，屏息靜聽，沒有任何人一個敢出來說話。

是儀回答說：「現在，刀都架到我的脖子上了，我怎麼還會爲刁嘉隱瞞，自取滅亡，做不忠之鬼呢？只是，說話要有根據，我沒有聽到的，就是沒有聽到！」。

無論怎麼逼問，他都是據實回答，一點也不改變自己的話。最後孫權終於放過了他。刁嘉也因此免除了罪名。

讀史至此，對是儀的崇敬之情油然而生。

我覺得，是儀也是一個勇敢者，是一個眞正的英雄。據說呂壹幾乎誣告了每一個大臣，唯獨是儀沒有被他告發。看來奸佞小人在骨子裡還是害怕這樣的英雄！

馳騁疆場、奮勇殺敵的人是英雄，堅持眞理、寧死不屈者也是英雄。有時候，後者比前者更難得。這正所謂「慷慨赴死易，從容就義難」。

年輕時看俄羅斯文豪車爾尼雪夫斯基的小說《怎麼辦》，其中說，眞正勇敢的人，全俄羅斯只有十幾個。其中有一個叫拉赫美托夫的，爲了鍛鍊自己的勇氣，就睡在釘滿釘子的床上讓釘子尖對準自己的身體。

這還好理解，江湖俠客多有如此者。

作者還說，這十幾個人中還有一個，他不像拉赫美托夫那樣，而是往往像一個老太婆似的哭哭泣泣。

當時讀到這裡我很不理解：一個像老太太那樣喜歡哭的男人，怎麼也算得上最勇敢的人？

現在年齡翻了一倍多，總算比那時要明白一些。

勇敢，其實是各種各樣的。

當一個勇敢的人很難，但只要我們願意，誰都可以成爲一個勇者。

這一切都在那方寸之地！

孫權爲何喜歡豪飲

酒醉狀態確實給了人一種解脫感。德國哲人尼采把人生的這種情緒和態度名之為「酒神精神」。

孫權很喜歡喝酒，而且喜歡同群臣一起喝，有時喝得酩酊大醉。

在武昌時，孫權有一次臨釣台飲酒，喝醉了。他讓人用水灑在群臣身上，並對他們說：「今天飲酒要喝個夠，直到喝醉了掉到台下水中爲止。」張昭見了一句話也不說，板著臉走到外面去，坐在自己的車中。

孫權讓人叫他回來，對他說：「大家一起喝酒是爲了取樂，您爲什麼發怒呢？」張昭說：「古時紂王搞糟丘酒池，作長夜之飲，他當時也以此爲樂，不以爲惡！」孫權沒有說什麼，也就不再喝下去。

張昭的話說得有些過分了。偶爾飲一下酒，狂歡一回，應該無傷大雅。孫權對張昭是尊重的，不然這樣掃他的興，他是會大發脾氣的。

三國時期，喜歡飲酒的不只是孫權。例如曹操，也是個酒中仙。他的《短歌行》中寫道：「對酒當歌，人生幾何！譬如朝露，去日苦多。慨當以慷，幽思難忘。何以解憂，唯有杜康。」簡直把酒和人生不可分離地揉和在一起了。

我發現這些叱咤風雲的三國人物有一種共同的悲涼蒼茫的情懷。他們的一生幾乎全都是在戰爭中度過的。不斷的冒險，不斷的鼓舞勇氣，不斷的衝殺奮進；血與火，勝與敗，死亡與復活；……這些都融進了他們的生命，從而凝聚和釀造了一種特有的「戰爭情結」。

而這杯中的杜康，正可以澆他們心中的塊壘。後來的唐詩描寫這種心態：「葡萄美酒夜光杯，欲飲琵琶馬上催。醉臥沙場君莫笑，古來征戰幾人回？」

戰爭最尖銳、最集中地突出了人生的矛盾和衝突：人生無常，人生又得不斷地拼搏；冒險能帶來成功和榮譽，但失敗和死亡的陰影也總是追隨著它；眼前的目標是明確具體的，但追問人生終極問題，卻是一片茫然；……想不斷，理還亂，只有去找酒喝，在酒精中獲取靈感。

既然人終歸一死，人生從根本上說就是一種無結果的冒險。一旦意識到這一點，以什麼態度來對待人生就成了一個大問題。

但是人生這個大問題，歸根結底，不是光靠「思」能夠解決的。孫權、曹操，他們不約而同地找到了酒，是因爲酒醉狀態確實給了人一種解脫感。

德國哲人尼采把人生的這種情緒和態度名之爲「酒神精神」。

古人有酒神祭。在這種儀式上，人們縱酒狂歡，放任自己，爲的是人們知道個體終有一死，個體終當復歸自然，這既是人生痛苦之極致，也是人生全部痛苦得以解脫之唯一途徑，所以值得大大慶賀。

莊子妻死，莊子鼓盆而歌，其意思大概也是一樣的。

酒神精神是樂觀的悲觀主義。人生是一大悲劇，身爲主角的人卻又以觀衆的眼光來看待它，心中充滿了大喜大悲。

能達到這一境界的，是人生的勇者！

忍辱篇

把曹操放在火爐上烤

勘破人情之常，忍一般人所不能忍，非有大志者不能如此。

吳、蜀因借還荊州的事情交惡，孫權感到劉備這個盟友不可靠，遂有奪荊州之意。為避免兩面受敵，他向曹操稱臣。據魏國人說，他還向曹操「稱說天命」，即勸曹操當皇帝。

這樣，在我們面前似乎站著兩個孫權。

一個孫權在赤壁之戰前夕，雄姿勃勃，英明果斷，寧為玉碎，不為瓦全。他說：「老賊欲廢漢自立久矣，孤與老賊，勢不兩立！」「孤當與曹孟德決一死戰！」他還拔刀砍奏案，「諸將吏有敢再言當迎曹者，與此案同！」這是何等的英雄氣概！

一個是十年後的孫權。他為了求得生存，不惜屈身事曹，而且還勸曹操當皇帝，使人覺得他的人格很卑劣。

前後不過十年，態度判若兩人。叫我們怎樣來看這個孫權呢？

孫權一生的志向就是要縱橫天下，不屈服於任何人，保持自身的獨立。不然的話，他二十歲時曹操要他送兒子做人質，他早就送了。現在向曹操稱臣實在是心有不甘。但形勢所迫又不得不如此。孫權採取這一行動，心中是會有一種深深的屈辱感的。

孫權忍受了這種屈辱。爲了度過難關，實現自己的既定目標，不論自己心裡舒服不舒服，他按需要做的做了，而且做得還很漂亮。他的〈勸進書〉實際上起了以守爲攻的作用。曹操如果稍微糊塗一點，就會上他的當。

他的用心是，一旦曹操眞的稱帝，必將成爲衆矢之的，劉備的矛頭還有可能轉移，他可以利用這一時機解脫危機，並趁亂取事。

曹操可不是傻瓜。他把孫權的信給別人看，並說：「這孩子是想把我放到火爐子上烤！」曹操並不因爲孫權向他卑辭上書稱臣而小看他。他知道，孫權只是在用另一種方式作戰：外交戰。惺惺惜惺惺，曹操可比我們更了解孫權是怎樣的一個人。

孫權違心地向曹操稱臣，由此忍受極大的屈辱，這並不是軟弱和無能的表現。恰恰相反，對於他這樣一位叱咤風雲的人物來說，要能做到這一點，更需要有卓厲堅忍的意志力和韌性，要忍受常人所不能忍，包括不被理解和遭致非議。

常言道：「忍字頭上一把刀。」對於胸有大志的人來說，在應該忍受屈辱時，能夠坦然承受之，這就具備了另一種對敵作戰的良好素質。人的性情或剛強、或柔順、而對於做大事的人，則要求他能伸能屈、能剛能柔、能進能退、能攻能守、剛柔相濟而不能偏執於一端。

前後看似矛盾的孫權其實只是一個：英明果斷也好，委屈求全也好；叱咤風雲也好，卑辭上書也好，都是爲了實現自己的目標而鍥而不捨，合起來是一個雄略之主的完整形象。

在政治鬥爭中，通常意義的高尚、卑劣等等都成了不適用的詞語。這裡主要的語彙是成功和失敗。「成者爲王敗爲寇」當然，「盜亦有道」，但非個中人則難以理解和評判。

受封吳王又何妨

孫權以爲爭取時間以扭轉危局，爲以後的發展創造時機爲要，稱不稱臣受辱實是其次。

曹操死後，曹丕繼位並接著取代漢朝稱帝，封孫權爲吳王。

孫權的群臣商議後認爲，不應該接受魏國的封號，而應稱上將軍九州伯。孫權說：「九州伯，從古以來沒有聽說過。從前漢高祖也被項羽拜爲漢王，這是時勢造成的，那又有什麼損失呢？」於是接受了吳王的封號。

此前向曹操表示臣服，雖然曹操是「挾天子以令諸侯」，畢竟是漢相，歸根到底還是臣服於漢朝。現在漢朝已不復存在，是向魏國稱臣，這個情況跟以前不同了。所以群臣反對。所以稱上將軍九州伯，就是不承認魏國代漢，仍然把自己當作漢朝的臣子。

但這樣一來，就完全失去了稱臣的意義。孫權的本意，是想藉此避免魏國的夾攻，爭取同劉備單獨作戰的時間。如果不接受封號，就難免魏國的進犯了。

後世有人評論說，吳國之所以不能維持久長，最後被大國吞併，是因爲孫權沒有採納群臣的意見終身稱漢將。這是腐儒之論。

如果當時孫權依從了衆人的意見，吳國不要說維持幾十年，恐怕幾個月都不可能。兩面受敵的結果，只有死路一條。

當時曹、劉都已稱帝，而久有帝王之心的孫權卻要向人稱臣，對他來說這應該是最大的恥辱。曹丕其人，在政治上並無雄才大略，不過藉其父的餘威而已。而孫權卻要在這樣一個無法同自己相比的人面前俯首稱臣，這更是一種屈辱。但孫權都忍受下來了。

《三國志》作者陳壽評論說：孫權屈身忍辱，有勾踐之奇。這確實道出了孫權的一大特點。

在孫權看來，到底是對漢稱臣還是對魏稱臣，亦或是對曹操稱臣還是對曹丕稱臣，又或者是被封爲王還是被封爲侯……，但是這一切又有什麼關係呢？只要能夠爭取時間，扭轉危險局面，保持實際上的獨立，爲以後的發展創造機會，他什麼都會接受。

孫權的屈身忍辱，確實取得了效果。由於曹丕接受孫權稱臣，他在孫、劉之爭中保持中立，而放棄了趁機夾攻的機會。

所謂忍受屈辱，就是去做那些自己不願做的事情，使自己處於受羞辱的境況，任人貶損自己身分和人格等等。但這一切都是爲了換取這樣一個時機：能更好地去做自己願意做的事情；使情況有根本的改善；讓自己大大地揚眉吐氣；最重要的，是讓自己能夠實現人生的根本目標。

孫權悟透這一層道理，所以他屈身忍辱，毫不勉強，沒有任何多餘的計較，事情做得很徹底，也就能夠取得預期的效果。

勘破人情之常，忍一般人所不能忍，非有大志者不能如此。

屈身忍辱，是孫權的一大英雄本色。

涕泗交流誆「浩周」

道德與政治、敵與友、是與非、恩與怨、偉大與卑劣、目的與手段……就這樣錯綜複雜地交織在一起，使人難以理清。

孫權向曹丕稱臣是爲了爭取魏國中立，贏得時間同劉備作戰，並非眞的放棄獨立而歸順魏國。曹丕雖然沒有立即利用這一時機向吳國進攻，但他對孫權投降的誠意是有懷疑的。

爲了消除曹丕的懷疑，孫權想盡了一切辦法，採用了一切手段。其中一個重要步驟是利用「浩周」。浩周是于禁軍隊的護軍，同于禁一起被關羽俘獲。孫權襲殺關羽後，得到于禁、浩周等人。他十分禮待浩周，這當然是有用心的。

曹丕繼位爲王不久，孫權就把浩周等人送回魏國，以示友好，並寫了一封言懇意切的信，向曹丕剖明自己眞意歸降的心跡。

曹丕問回國的人對此事的看法。同浩周一起回國的東里袞認爲孫權不是眞心臣服，而浩周力爭說孫權是眞心歸降。曹丕相信了浩周的話，認爲他眞正了解情況。

這一年冬，曹丕稱帝，派使封孫權爲吳王，命浩周同往。浩周在孫權爲他設私宴招待時說：「皇帝陛下本不相信您會派兒子入朝侍奉，是我以全家百口人的性命爲您擔保。」

孫權叫著浩周的字說：「浩孔異，您以全家百口性命保我，我還有什麼好說的呢？」他一把鼻涕一把眼淚的，把衣襟都濕透了。等到與浩周告別時，孫權又指天爲誓，表示一定會送子入侍。

我相信孫權的眼淚是眞的，但並不是爲浩周的信任所感動，而是爲自己的境況著急！此時吳國大軍與蜀軍正在夷陵一帶相持，戰事萬分吃緊，一旦曹丕動了夾攻的念頭，吳國就完了。所以孫權無論如何也要利用浩周穩住曹丕。

浩周回去後，孫權當然不會送兒子去魏國。但他還是不斷地寫信給浩周，一再說明推遲的原因，表示一定會送去的，還說要派張昭和孫邵兩位大臣送去，還爲兒子請求與曹氏通婚等等。總之，他想盡辦法迷惑曹丕，盡量多爭取一點時間。

孫權的目的達到了。等到曹丕醒悟過來，派大軍來犯時，離劉備攻吳已有一年多時間；而吳蜀之戰結束也有數月；吳國已有可能騰出手來應戰。

孫權身爲一方雄略之主，卻能折節下交小小的敵國護軍，曲意款待和奉承，必要時指天罰誓，涕泗交流。這眞正是屈身忍辱，能忍常人所不能忍。在屈身事魏的這一時期，孫權表現出卓越的外交才能和甚至是傑出的表演才能。而這都是他能夠忍辱負重的緣故，其氣度足可與勾踐相比。

像孫權這樣的敵人是可怕的，文人氣十足的曹丕眞不是他的對手！

而浩周在這場爭鬥中是一個犧牲品。曹丕因他的過失而終身不用他。

從對浩周的個人關係來說，孫權是不道德的，是欺騙了朋友（如果他確實把浩周當作朋友的話）；但倘不如此，吳國則不保。道德與政治、敵與友、是與非、恩與怨、偉大與卑劣、目的與手段……就這樣錯綜複雜地交織在一起，使人難以理清。

後人自會有種種評說，而前人不過是做了他們要做的事情！

忍辱的極限

忍辱是一柄兩面刃，關鍵在於我們怎樣用它！

孫權爲了求得吳國的生存和發展，向魏國表示臣服，忍受種種屈辱，但是有一點他是把握得緊緊的，這就是堅決不送兒子做人質。

在當時，送人質就意味著眞正喪失了獨立性。一旦送了人質，他忍受屈辱的性質就完全變了。那就不是爲了更好的一躍而後退，而是根本就放棄了鬥爭，向對方繳械投降。

送人質是孫權忍辱的極限。

人們忍受屈辱的情況各不一樣。有的是爲了某種更高的目的，想用迂迴的路來實現它；有的則什麼都不爲，就是因爲生性軟弱，無端地忍受屈辱。

當年韓信窮困落拓時，有惡少見他挎著劍，有心要羞辱他，就對他說：「你要麼殺了我，要麼就從我的胯下鑽過去！」韓信呆了一會，眞的從惡少胯下鑽了過去。圍觀衆人哄然大笑，都認定韓信是個懦弱無能的人。

後來韓信拜將封王，把這人召了來，對他說：「當時我本可殺了你，但我有大事要做，所以受了你的胯下辱。」於是把這人用作他的部下。

直到此時，韓信才證明自己當時受辱並非因膽小怕事，他忍辱是爲了負重。這個負重，就是還有更大的事情要做，如果不忍受，就會影響自己大事的成功。

做大事而不能忍小不忿，這是修養不夠的表現。在這個時候，忍辱不僅不是膽怯懦弱，相反的倒是意志力堅強和有韌性的表現。

但是還有另一種情況：忍辱卻並不負重。魯迅筆下的阿Q，在挨了趙太爺的打後，用「媽媽的，現在世道變壞了，兒子打老子」之類的話來消除自己的屈辱。這是可悲又好笑的。

受了不公平的待遇，平白無故的受了欺侮，在人格上受到踐踏，而就這樣忍受了，那不是堅強的表現，而是軟弱和無能。

阿Q的「精神勝利法」並不是眞正的勝利，而是自欺。在這種情況下，我們萬萬不可藉一個「忍辱負重」的名義來掩蓋自身的軟弱和對惡勢力的不抵抗；在忍無可忍的情況下，應該痛痛快快地大幹一場，以維護自己的尊嚴。

歷來中國人強調一個忍字，還常把它書寫出來掛在牆上，以爲處世之道。「忍字頭上一把刀」，這話是不錯的。問題是怎麼個忍法，爲什麼而忍。如果因小不忍則亂大謀而忍，這把刀就是實現自己人生目標的一種武器。如果是害怕惡勢力而忍，那麼這把刀的鋒芒就是對準了自己，使自己受到傷害。

當然，在實際上事情往往不是那麼簡單，有時取捨起來使人感到兩難。但我們總可以有一個基本原則來遵循。

忍辱是一柄兩面刃，關鍵在於我們怎樣用它！

談士人受辱

俗諺有云：「士可殺不可辱。」

中國有句古話：「士寧可殺而不可辱。」這就是說士人是不可侮辱的；如果要侮辱他，他寧可去死。這是崇尚名節的話。

古代的士就是現在的讀書人，但兩者又不能完全等同。

古時讀書人少，讀書人屬於一個專門的階層。現代讀書人多，幾乎人人都上過幾天學，識得幾個字，讀書人和非讀書人之間的界限不是那麼明顯了。

古時讀書人的出路只有一條，就是做官，學而優則仕。現代讀書人的出路那就多了。行行出狀元。而高層次的讀書人大都集中在科技文教等領域。

雖然有這些大的變化，故代的「士」氣，作爲一種文化傳統，卻沿襲了下來，影響著一代又一代的讀書人。「士寧可殺而不可辱」，作爲一種砥礪志氣的信條，留在我們的心目中。

談到士的形象時，我頭腦中出現的不是那些「十年寒窗無人問，一舉成名天下知」的皓首窮經的讀書人，而首先想到戰國時代趙國的藺相如。

在如何對待受辱的問題上，我覺得，藺相如算得上是「士」的典範。

秦強趙弱，秦王約趙王會於澠池。飲宴之時，秦王要趙王鼓瑟。秦國史官上前寫道：「某年月日，秦王令趙王鼓瑟。」這是蓄意侮辱趙王。

藺相如也上前要秦王敲盆子，秦王不肯。藺相如說：「若不敲盆，五步之內，我藺相如頸中之血就會灑在大王你的身上！」秦王左右要用刀殺他，他圓瞪雙目，大聲呵斥，左右就不敢動了。秦王被迫，很不情願的敲了一下盆子。於是藺相如回頭召來趙國史官，要他記下：「某年月日，秦王爲趙王敲盆。」

藺相如此前還有「完璧歸趙」的大功，所以回國後趙王拜他爲上卿，位在大將廉頗之上。廉頗不服，揚言首：「我見到藺相如，一定要羞辱他。」藺相如聽到後，每當上朝時就稱病，避免與廉頗爭位次。隨後，藺相如在一次乘車馬迎面見了廉頗，藺相如就掉轉車頭躲避他。

藺相如的門下因此紛紛要求離去，對他說：「您對廉頗怕得這樣，連平庸之輩對這種情況都感到羞恥，何況將相！」

藺相如問他們：「廉頗比秦王還厲害嗎？」衆人說不如。他說：「我連秦王都不怕，敢於在廷堂之上叱斥他，羞辱他的群臣，怎麼會怕廉頗呢？我只是想，強大的秦國之所以不敢來犯，是因爲有我們兩人在；現在如果兩虎相鬥，勢必不能共存。我之所以這樣做，是先國家之急而後私仇。」

廉頗聽到後，十分羞愧，就赤膊負荊到藺相如那裡請罪。後來兩人成了割頭換頭的好朋友。

以什麼爲辱，不以什麼爲辱；什麼時候該忍辱，什麼時候不該忍辱；什麼是眞正的大智大勇，藺相如爲我們作出了回答和榜樣。

常常看到許多外荏內厲、窩裡鬥的現象，眞有今人不如古人之嘆！

但願像藺相如這樣的「士」氣長存！

不砍鼠子的頭了

人哪能事事順遂、處處如意呢？無論是誰，都不可能完全由著性子來，該忍耐的地方就得忍耐。

魏國遼東太守公孫淵詐降，孫權信以爲眞，封之爲燕王，且派大臣領萬人攜帶許多器物前往賜封。結果大臣被殺，兵馬物資全被沒收。

孫權聞之大怒，說：「我六十歲了，什麼樣的事情沒經過！沒想到被公孫淵這個鼠子所戲弄。眞令人氣湧如山。我要不親自把鼠子的頭砍下來扔到海裡，就沒臉再同天下人打交道。我一定討伐他，就是遭傾國之敗也在所不惜！」於是準備渡海征討公孫淵。

不少大臣都上疏勸諫。最後，孫權忍了這口氣，打消了這個念頭。

此時孫權已稱帝多年。像這樣的事情對他來說應該是最大的恥辱。聰明一世，雄略一生；從來都是他算計別人，別人吃他的算計，沒想到到頭來被這小子算計了；眞是經過了多少大風大浪，卻在小河溝裡翻了船。孫權的憤怒達到了極點。

以他的權威，如果一定要出征，誰也擋不住。但這種預先毫無準備、僅憑一時之怒的渡海出征，其結果是可想而知的，恐怕比劉備的夷陵之敗更慘。

如果失敗，必定會大傷國家元氣。魏國若趁隙進攻，吳國殆矣！孫權苦心經營數十年的江東基業，就會毀於一旦。這就眞正成了「傾國之敗」。

孫權終歸是明智的君主，不是完全隨著自己的性子來，最後還是從國家安危的角度來考慮，終於忍受了這個奇恥大辱，消除了「霹靂之怒」。這對他、對吳國都是一件大幸事。江東的老百姓因此免除了一場無謂的血光之災。

這種對於恥辱的忍耐性來自責任感。孫權說「就是遭傾國之敗也在所不惜」，這只是一時的氣話。他並不眞正認爲，吳國是他一手創建的，他要怎麼辦就得怎麼辦，爲了洩一時之忿，就是整個國家滅亡也在所不惜。冷靜下來一想，他覺得自己對於國家、臣民負有無可推卸的責任，相比之下，一時的憤怒、受辱、臉面就不是那麼要緊的事情了。

公孫淵詐降時，群臣都勸諫以爲不可輕信，只需派數百人由一般官吏帶隊前往試探即可。而孫權不聽，執意要興師動衆，如此說來，孫權遭此一辱，也屬咎由自取。他能不再「砍鼠子的頭」了，也算是善於補過，而不是一錯再錯。能聽勸諫、善於補過者，方能免辱。

人常有一個通病：一旦出名，或居高位，便覺得自己似乎無所不能，無所不會，要風有風，要雨得雨，可以爲所欲爲。一旦遇事受挫，稍不如意，就會覺得十分恥辱，格外難以忍受。

其實人哪能事事順遂、處處如意呢？無論是誰，都不可能完全由著性子來，皇帝老子也不行，該忍耐的地方就得忍耐。

孫權終於忍受了狡敵加給他的恥辱，避免了因自己的一念之差所可能導致的亡國危機，不愧為一代雄略之主。

不學孟德殺孔融

當頭頭的總認為自己高人一等，除非你在他面前裝出一付龜孫子的樣子，否則就認為你在蔑視他、污辱他，此人格、氣度差矣。

孫權為吳王時，在一次宴會中，親自為諸臣斟酒。虞翻趴在地上裝醉，不拿酒杯。等到孫權過去後，他卻又坐了起來。這是很明顯的藐視君王的行為。

孫權大怒，持劍要殺虞翻，在坐者都害怕得不得了。只有大司農劉基起來抱住孫權勸道：「大王在三杯之後，親手殺善良的士人；雖然虞翻有罪，但天下誰知道實情呢？何況大王一向以能容納眾多賢士著稱，所以四海之內都來投奔您，現在一下子把這個名聲丟掉了，這樣好嗎？」

孫權說：「曹操還把孔融殺了，我怎麼就殺不得虞翻？」劉基說：「曹操隨便殺害士人，天下人都譴責他。大王躬行德義，是打算與堯舜媲美，怎麼要跟曹操相比呢？」

於是孫權沒有殺虞翻。

他還給左右的隨從下令說，今後凡是他酒後說要殺某人，都不得殺。

在孫權那個時代，對君王大不敬、欺君之罪是最大的罪行，所以孫權覺得虞翻的行爲是對他極大的侮辱，是無法忍受的。但他終於赦免了狂放不羈的虞翻，這在當時是很不容易的，說明了他的寬宏大量。

一個古代帝王有如此氣量確實難得。不要說當時，就是現在，許多當頭頭的恐怕都缺乏他這樣的氣量。

不要說大頭頭，就是一個小頭頭，如果你隨便得罪了他，他就會想方設法給你小鞋穿，讓你吃不了兜著走。

遇到過分敏感的上司，即使你對他總是恭恭敬敬的，有時你得罪了他自己還不知道；直到你在他的態度中品嚐出滋味來，才恍然大悟。

這些當頭頭的總認爲自己要高人一等，除非你總是在他的面前裝出一付龜孫子的樣子，否則他就覺得你對他不尊重，是在侮辱他。這樣的人可比孫權難伺候得多。虞翻那是眞的在侮辱孫權，卻得到了寬宥。

曹操一向以豁達大度著稱，但比之孫權，尚有不如。孔融爲天下名士，曹操因爲他對自己不恭敬，就授意他人以「欲爲不軌，大逆不道」的莫須有的罪名上奏，把孔融殺了，並滅了他的全家。這樣看來，孫權不殺虞翻，在人格和氣度上，要高出曹操許多。

尤其難得的是，孫權不僅聽從了劉基的勸諫，沒有殺虞翻，還對左右說，今後凡是他酒後下令說要殺某人，都不得殺。這是他防止酒後容易一時動怒，錯殺了人；而人一旦被殺，要想挽回錯誤已無可能。

讀史至此，我對孫權的好感倍增。這裡充分體現出他從善如流、有大量、能容人之過、有仁德的特點。須知那時的帝王操著臣下的生殺予奪大權；君要臣死，臣不得不死，被認爲是天經地義的事情。爲君王者要一個人死，容易得很；而要他寬恕一個人，就不那麼容易了，這得看是一個什麼樣的君王。

虞翻算是運氣好，碰著孫權了。而孫權不學孟德殺孔融，饒了他一條小命。

不殺虞翻的孫權實在讓人敬仰！

且讓玄德一、二步

孫權在必要時能忍受敵人的屈辱，也能夠對臣下和盟友忍辱負重、委屈求全。

孫、劉兩家借還荊州的是是非非、恩恩怨怨我們前面都已清楚了。這裡只想說說孫權對盟友的忍讓態度。

劉備要借南郡江陵等地，孫權借給他了。而孫權約劉備共取益州時，劉備欲獨取，反倒說不忍奪同宗之地而予以拒絕；當孫權派軍欲獨取時，劉備分幾路人馬扼住要地，不讓吳軍通過。而這幾處要地，正是孫權借給他的。

按照常情，孫權會強行通過，就是引起衝突也在所不惜。但孫權退讓了，沒有強行向西進發。這是讓了劉備一步。

後來劉備得了益州，孫權讓他還荊州借地。考慮到所借之地是戰略要地，既然是盟友，就不一定非還原借地不可，而可以拿長沙等三郡代替。這裡孫權又讓了劉備一步。

但劉備不但不感激和同意，還賴賬，說是取了涼州再還。這下把孫權搞惱了火，派兵取了長沙等三郡。劉備也調兵遣將準備同孫權爭奪。後由於曹操攻漢中，劉備求和，基本按孫權的要求劃分了土地，才罷了此次戰事。

通讀三國史，我有一個印象就是，孫權在對待劉備、曹操的態度上是有根本區別的。他確實眞心把劉備當作自己的盟友；而對於曹操，即使在俯首稱臣時，也絕對沒有一點誠意。

既然是盟友，對於劉備的不友好的行動他就可以一讓再讓，爲的是求得大同，以維持這個聯盟，直到忍無可忍。而劉備並沒有把孫權當作眞正的盟友看，只是利用他。最後孫權也看出來了，於是就有奪荆州之意。

但他在下定決心前仍有一次試探性的舉動，這就要求與關羽通婚，但遭到拒絕和辱罵，這樣他才最後作了決定。

孫權當年借荆州給劉備這一舉措是完全正確，曹操因此嚇掉了筆。但事過多年之後，孫權在回顧這一歷史時卻說，魯肅當年勸他借荊州，是其一短。爲什麼？

這是因爲孫權認爲所借非其人：劉備不是眞誠的盟友。可以想見的是，如果劉備不是這樣的態度，而是跟孫權同心協力，那麼吳、蜀聯盟的破裂不會發生，它們各自的國力不會因爲相互爭鬥而大爲削弱；共同對敵的結果，吳、蜀、魏力量的對比或許會是另外一種情況。

看來孫權在何爲敵、何爲友的問題認識上要比劉備淸醒得多。他在取得夷陵之戰勝利後立即提出同蜀國恢復友好關係，而劉備當年進攻吳國時，一再拒絕了孫權求和的要求。劉備死後，諸葛亮與孫權同心結好，吳蜀聯盟才得以完全恢復和長久保持。

孫權不僅在必要時能夠忍受敵人的屈辱，也能夠對臣下和盟友忍辱負重、委屈求全。同勾踐相比，孫權的這一特點可以說是有過之而無不及！

大怒不忍的孫權

處高位、掌大權者在情緒衝動、大發怒氣之時作下決斷，是從政大忌。

孫權忍辱負重的功夫讓史家稱讚。但他有大怒之下不能忍受的時候。如果這是關係到國家大事，就會造成失誤，有的甚至是無法彌補的。

在立嗣問題上就是這樣。

他聽說太子對他不孝，就有廢其位之意，但並沒有下定決心。魯王與太子爭位，大臣分爲兩黨，他怕死後國家會因此分裂，想妥善處理，一時又沒有妥當辦法。

正當孫權沉吟未決之時，擁立太子派不斷上奏力爭。孫權處理了一、二人，或下獄誅，或流放遠州。

正當他把太子軟禁起來，準備作進一步處理之時，擁立太子的大臣率諸將吏用泥塗在自己的頭上，自己把自己綁起，連日到孫權這裡請願，要太子出來。孫權看到這種情景，十分厭惡，命令他們不要無事生非。他們不聽，仍然固諫不止。同時還有其他的人繼續上書請願。

於是孫權大怒，把這一派大臣誅殺流放了十多人，廢去太子位；同時賜魯王死，又殺了魯王同黨多人。

在孫權看來，這些請願的人是在向他示威，是逼迫他放棄太子之位的決定；而他是一國之君，這樣的事應該是他說了算；這些人的行爲是對他君權極大的侮辱。

如果他能夠冷靜下來，待怒氣過去之後，再仔細考慮作出決定，也許不會把事情處理成這個樣子。

孫權認爲那些大臣是在向他示威，是在侮辱他的君權，而大臣們自己卻覺得是一片忠心，是爲了孫權好。上奏中舉了晉獻公殺申生、立奚齊、造成晉國大亂的例子，也是擔心廢太子會造成吳國內亂。無論如何，爲了廢立太子問題，殺了這麼多的人，總是不應該的。

處高位、掌大權者在情緒衝動、大發怒氣之時作決斷，是從政的一大忌，幾乎沒有不造成失誤的。而這樣的情況又很容易發生。因爲大權在握，似乎想怎麼做就可以怎麼做，好像不受什麼約束。實際上最後受損的還是自己。

據說清朝禁煙名臣林則徐給自己的座右銘就是兩個字：「制怒」。看來他也認爲易怒是不好的性格，控制發怒是十分必要的。

因受到屈辱而生氣和發怒，這是一個人正常的心理和生理反應。在小事和無關大局的事情上率性而爲，發發脾氣也無不可。但在大事上就得對自己的情緒有所控制，小不忍則亂大事；「每臨大事有靜氣」，這是一個人修養功夫的重要方面。

像孫權這樣很能忍辱負重的人，尚且不能在每臨大事時完全控制自己的怒氣，更何況一般人等。可見制怒之不易。

怒者，使心爲奴也；忍者，以心爲刀也。以忍制怒，猶如以刀破除奴役我們心情的敵人，豈不快哉！

情感篇

吳國首先是人和

吳國首先靠的是內部團結，君臣一心，用這個力量來彌補其它優勢之不足。

人們評價三國時常有一句話：曹操占了天時，孫權占了地利，劉備占了人和。好像這是確鑿不移的眞理。

其實這話是受小說《三國演義》的影響，評價不是那麼中肯的。小說有明顯的褒劉、貶曹、輕孫的傾向，它的敘述同歷史的事實出入很大。

還是大學者王夫之的話比較準確。他說，三國中，曹操有勢力強大的優勢，劉備有宗室正統的優勢，而孫權則什麼優勢都沒有，而能與他們匹敵，靠的是能用人。

他還說，可惜吳國沒有蜀漢的正統、魏國的強勢，不然的話，這統一天下的就是吳國了。

吳國雖有長江之險，但這不是它根本所恃之處。曹丕多次征伐吳國，最後望著長江嘆息道：「彼有人焉，未可圖也！」撤軍而還。

吳國首先靠的是內部團結，君臣一心，用這個力量來彌補其它優勢之不足。而孫權作爲一個之君，是組織和調動這種力量的核心人物。

孫權既無強大的勢力作後盾，又無正統的名義相號召，那他是靠什麼來對衆人產生感召力，把各種人才聚集在自己周圍，形成一股巨大力量的呢？

他靠的是自身人格的力量，而其中最重要的是以情動人。他是靠感情來維繫同衆人的密切關係。

赤壁之戰前，曹操派蔣干說周瑜歸順。周瑜對蔣干說：「大丈夫處世，遇知己之主，外托君臣之義，內結骨肉之恩，言行計從，禍福共之，即使蘇秦、張儀這樣的人在世，也無法用言語打動我背叛他，何況你呢！」

除周瑜外，魯肅、諸葛瑾、呂蒙、陸遜、……他們同孫權之間都不是一般的君臣上下級關係，而是知己之交。「外托君臣之義，內結骨肉之恩」，周瑜的話是對這種關係極恰當的寫照。

赤壁之戰勝利結束後，魯肅回軍先至。他在此役立有大功，孫權大張旗鼓地率領諸將迎接他，並對他說：「子敬，我親自持鞍下馬相迎，這就足以顯耀你了吧？」魯肅說：「還沒有！」衆人都很驚訝。魯肅坐下後，慢慢舉鞭說：「願您的威德加於四海，總括九州，成就帝業，那時用小車來征用我，才是眞正使我顯耀。」孫權聽後拍手大笑。

君臣感情至深，心靈溝通，臣下的精神狀態才能像魯肅那樣，把自己的生死榮辱完全同主上的事業融合在一起，全心全意爲國事操勞。

感情這個東西，既很虛空，又很實在。說它虛，眼看不見，手摸不著；說它實，它能化爲實實在在的巨大力量。有這種感情緊密維繫著，吳國就強盛；如果它遭到瓦解，國勢就會敗壞。吳國的優勢全在一個情字。

這樣，我們可以把開頭的那句話改爲：

曹操占了勢強，劉備占了名正，而孫權占了人和！

「驢子」諸葛瑾

知人甚深，待人不疑，不僅是為君王之道，也是我們平素為人處世應有的修養。

大臣諸葛瑾臉長得像驢，孫權在宴會群臣時，叫人牽了一頭驢進來，在驢臉上放了一根長簽，上面寫道「諸葛子瑜」。（子瑜是諸葛瑾的號）大家都笑了起來。

在衆人面前開這樣的玩笑，諸葛瑾不以爲這是對自己的侮辱，孫權也不覺得有什麼不妥。這說明他們之間關係的隨便和親密無間。

劉備進攻東吳時，形勢吃緊。有人告發說，諸葛瑾派人與劉備勾結。孫權不信，說：「我和子瑜有過生死不變的誓言，他不會辜負我，正像我不會辜負他一樣。我和他共事多年，情同骨肉，非常了解。他這個人是非道不行，非義不言。我們之間可謂神交，不是外面的讒言所能離間的。」他把告發的文疏封示給諸葛瑾，還附了自己的意見，表示根本不相信。

知人甚深，用人不疑，這是孫權的一大特點。不僅對諸葛瑾，對其他人也是這樣。

赤壁之戰後，周瑜威聲遠著，劉備、曹操都在孫權面前進讒言，意在離間他們君臣。劉備對孫權說：「周瑜文武兼資，萬人之英，我看他器量廣大，恐怕不甘久爲人臣。」曹操也寫信給孫權，一再稱赤壁之戰使周瑜獲得極大聲名。但孫權自己心中有數，照樣用之不疑。

陸遜在夷陵大敗蜀軍後，孫權讓他與蜀國聯繫恢復盟好的事情，並刻了自己的印給他，每有給劉禪、諸葛亮的書信，都讓陸遜過目和作修改後再送走。

用人不疑，是對臣下人格的基本尊重，承認他們是稱職的、值得信賴的。這一點很要緊。特別是士人，他們崇尙名節，注重在社會上的聲望，主上對他們採取何種態度，對他們來說，往往比金錢利祿更重要。

如果無端地對他們的忠誠有所懷疑，就會強烈地刺傷其感情，君臣之間勢必會產生隔閡，那股以君主爲核心的凝聚力和向心力就會減弱甚至不存在。這正是有爲的君主應該竭力避免的情況。

但是要用人不疑，有時也是很難的事情。這裡關鍵在於是否善於識人，是否知人甚深。有人告發諸葛瑾通敵，以常情付之，其事確有可能：當時東吳正吃緊，明於形勢的臣下或有自找出路的，更何況其弟諸葛亮在蜀國又任丞相要職。如果不是孫權對他的爲人十分了解，他們之間的感情又特別深厚，產生這種懷疑也是很自然的。

對於周瑜也是一樣。周瑜才能出衆，年歲又比孫權長，與其兄孫策同輩，在外的名聲也比孫權大，孫權如果不是對他十分了解，在劉備等人的挑撥下，也會產生疑忌之心。

堪作大用的人，也是才能出衆之人，孫權能夠識別他們，提拔他們，信任他們，同他們建立深厚的感情，在這一方面，孫權本人的才能也是出類拔萃的。

知人甚深，待人不疑，不僅是爲君王之道，也是我們平素爲人處世應有的修養。

火燒張昭

講到人生的價值，就人情味來講，是無價的！

孫權在對待公孫淵投降的事情上不聽大臣張昭的勸諫，於是張昭便稱病不朝。孫權很生氣，就用土把他的門塞住。張昭也很生氣，又用土在裡面把門封死。

後來公孫淵果然背盟，孫權上了大當。孫權多次向張昭表示歉意，請他出來，張昭堅持不出。

孫權把外面塞的土去掉，呼喊張昭出來，張昭以病重爲由還是不出來。孫權急了，就燒他的門逼他出來，張昭反而把窗戶關得緊緊的。孫權又派人滅火，在門口守了很長時間，直到張昭的兒子一起把張昭扶出來。孫權用車把他送進宮裡，在張昭面前深刻地責備自己。張昭沒有辦法，只得照常上朝。

這一段故事很有意思。在我看來，這君臣二人都有一點賭氣的樣子。老小老小，人老了有時行爲像小孩。不過這裡孫權的行爲是很難得的。張昭的賭氣卻是過分了，要是別的君主就不一定有這個耐心。

後人評論說，張昭在這裡完全失去了臣子應有的態度。爲人臣者，三諫不從則奉身而退，有什麼要怨恨的呢？現在孫權後悔以前的錯誤而要求張昭原諒，他改變意見，屈己從人，沒有繼續錯下去，這是他善於補過的好處。而張昭不是幫助孫權改正錯誤，使他以後避免過失，而是由於不用自己的建議而忿忿不平，歸罪於君主，關門閉戶違抗命令，坐著等待焚燒，這不是太荒謬了嗎？

其實這時孫權在政治上早就不依靠張昭了，張昭多年來一直處於半休養狀態。他這樣做，很大程度上不是出於什麼實際政治意圖，而毋忘說是一種人情味的體現，有點像講孝心的兒子對老得固執的父親的忍讓。

按通常情況說，像張昭這樣的行爲屬於大不敬，是有罪的。孫權不僅沒有這樣對待他，還再三再四一定要把他請出來，賠禮謝過，這種態度遠遠超過一國之君對待臣下的常規。

也許孫權是記起了他十八歲剛繼位時，張昭扶他上馬，對他的輔佐之功。當時全靠張昭爲他控制局面，穩定人心。所以他不但不忍心計較張昭的態度，還一定要親自向這個老臣認錯，讓他滿意。

我覺得這種人情味對於一個人特別重要。它是超越功利之上的。人生在世，無法不講功利，尤其是在政界和官場；但也不能只講功利，那就成了一個勢利小人。那種一切都從利害關係考慮、不講人情的人是可怕的，在我看來也是不正常的。

有人情味的人，他的舉止行爲是超功利的，也就是說，他首先把人當人看待，而不是只看成可以利用的一個東西。他注重人與人之間的感情，把感情的因素放在人生的第一位置上。他覺得在處理人與人的關係時，最重要的就是要尊重別人。

尊重別人的人格，也就是尊重自己。你把別人當人看，別人才會把你當人看。你如果純粹是利用別人，待人薄情寡義，別人除了利用你，恐怕也不會有其它的態度；而這樣與人打交道，又有什麼意思呢？

要講人生的價値，人情味是無價的！

賜御蓋和執鞭的意義

賜御蓋和執鞭的意義無它，求將士用命、盡心效力而矣。

孫權多次把自己的御蓋賞賜給立有大功的臣下，並親自爲他們執馬鞭。這是對有功之臣的最高獎賞。

如陸遜爲大都督對魏國曹休作戰，大獲全勝；回軍至武昌時，孫權令左右以御蓋加在陸遜頭上，並親自爲他執鞭開路，出入殿門。

又如他還把御蓋賜給多有大功、對自己有救命之恩的周泰，讓他帶著兵馬、擊鼓吹角出遊以爲榮耀。

這不一定是君主對有功之臣必有的禮儀，他也完全可以不這樣做。這種做法在很大程度上具有孫權的個性特點，反映了他對君臣關係的看法和態度。

他賜御蓋給那些立大功者，這樣做的意思是，讓他們也享受一下做帝王的榮耀；既然他們爲這個國家立下了這麼大的功勞，就有權享受這種光榮。

他親自爲那些立大功者執鞭，是表達他對他們的感激之情。臣下本來應該是爲君主服務的，現在倒過來了，君王爲臣下服務，這恐怕已經是至高無上的榮耀了。

孫權這樣做，當然是爲了讓將士用命、盡心效力。但其意義不僅如此。他曾對陸遜說：「我和你情誼不一般，榮辱哀樂都是共同的。」他在給諸葛瑾等諸大將的長篇詔書中也說：「你們和我共事，雖然有君臣的名義，說是骨肉至親也不爲過。我們是榮辱與共，有福同享，休戚相關。」

這些話可以說是出自內心，表達了他的眞實思想。

在孫權看來，他與群臣的關係，特別是那些值得信任的大臣，實質上是一種伙伴關係或一個大家庭中的成員關係。而君臣的名義或上下級關係只是外在的。天下者，大家的天下，並非他一人所獨有。所謂「一榮俱榮，一損俱損」即是這個道理。

這裡所表現的是孫權在君臣關係上的某種平等思想。他並不認爲自己是天生的眞命天子，是注定了要當帝王的。他這個帝王當不當得長，除了看他自己的努力之外，更主要的是他的臣下們是否擁戴他，以及是否和他同心協力打江山和保江山。

要創立穩固的帝王之業，就必須充分調動起部下的積極性。從精神激勵的角度講，就要讓他們感到自己同君王一樣，也是這個國家的主人。賜御蓋和執鞭的意義就在於此。

雖然這樣的獎賞和鼓勵只是象徵性的，對於臣下的心理和情感影響不容小視，它有時比金錢、爵位更起作用，更有凝聚力。

並非所有的君王都能夠這樣看和這樣做。他們有許多人眞心認爲自己是天命之所歸，無論怎樣折騰都折不垮這把皇帝寶座，而臣子永遠只能是他的臣子，爲他賣命是天經地義的，不存在什麼感激不感激的問題。這樣的帝王要垮起來也很快。

「御蓋賜人，執鞭爲臣」──孫權在位五十餘年能保持政通人和的秘密就在於此！

逆龍鱗與捋虎鬚

龍鱗何足畏，虎鬚不妨捋。

從性格上看，孫權是個很灑脫的人，對臣下比較隨便。不像有的爲帝王者總是板著面孔，一本正經，一臉威嚴，使人望而生畏，更不敢接近。

他喜歡大會群臣宴飲。這是聯絡感情、活躍氣氛的一種方式。有時對臣下開個無傷大雅的玩笑，如把諸葛瑾比作驢子。

他手下有個叫鄭泉的，博學有奇志，而性嗜酒。孫權曾問他：「你喜歡在衆人面前對我提意見，時有失禮不敬的行爲舉止，你難道不怕逆龍鱗嗎？」鄭泉答道：「臣下聽人說，明君手下才有直臣，現在朝廷上下沒有什麼是犯忌諱和不可以說的，這實在是有賴您的寬宏大量，所以我不怕龍鱗。」

後來在一次侍宴時，孫權故意嚇唬鄭泉，讓人把他帶出交給司法部門治罪。鄭泉臨出時屢屢回頭，孫權又把他叫了回來，笑著問他：「你說不畏龍鱗，爲什麼臨出時又回頭呢？」鄭泉回答說：「臣下自恃您的恩寵，知道一定不會有死的憂慮；等到要走出大門時，又感受到您的威靈，不能不回頭。」

看來這君臣二人的關係是輕鬆和諧的，連治罪殺頭的玩笑都可以開。吳蜀夷陵之戰後孫權欲與蜀恢復盟好，派鄭泉出使蜀國，他很好地完成了使命。

這是「逆龍鱗」，還有一個捋虎鬚的故事，我們在前面也提到過的。

大將朱恆將要遠征，臨行時他捧酒杯對孫權說：「臣當遠去，想摸一下陛下的鬍鬚，就再也沒有什麼遺憾的了。」孫權作出姿勢讓他摸，朱恆近前摸了一下孫權的鬍鬚說：「臣下我今天可以說是摸了虎鬚了。」孫權大笑。

這一則小史料也很有趣，說明了孫權君臣之間關係之和諧隨便，他表現了臣下對孫權的深厚感情和一種近乎崇拜的敬愛心理。這種情景使我不由得想起拿破崙的士兵們對於拿破崙的種種崇拜的行爲。

不怕逆龍鱗也好，敢於捋虎鬚也好，都體現了孫權君臣之間有一種深厚的感情作爲紐帶，由此形成吳國寬鬆祥和的政治氣氛。

而這並非說孫權在他的臣下那裡就沒有威嚴。恰恰相反，我們看到的是臣下對他衷心的愛戴。這種愛戴是以感情爲基礎的，而不是建立在高壓下。高壓只會產生順從，而不會產生敬愛的感情。

孫權在位五十餘年，吳國長期處於一種政通人和的局面，因此國力得以強盛，人民得以安居樂業。這種局面的形成，同孫權隨和灑脫的性格有很大的關係。他不拘一格，待人親切隨便，才容易同臣下溝通，才有和諧的氣氛。

這正是：

龍鱗何足畏，虎鬚不妨捋。

人君也是人，佳話傳千古！

哭的是眞情

無情未必眞豪傑，流淚如何不丈夫！

根據史書上的許多記載看，孫權對於他的部下是有一種很深的感情的。

呂蒙害病，孫權把他安置在內殿，遍召國內醫界高手，能治愈呂蒙之病者賜千金。醫者爲呂蒙扎針，孫權在一旁爲他的痛苦而難受。他想每天能看呂蒙幾次，又怕因此而勞乏呂蒙，就常常透過牆壁的洞隙偸偸地看。看到呂蒙稍稍能吃一點了，就對左右的隨從又說又笑，不然就嘆息不已，夜不能寐。呂蒙有一陣子好了一些，孫權爲此下了赦令，召集群臣祝賀。以後病又加重，孫權親自前去探視，命令道士在星辰下爲他請命。呂蒙病逝時，孫權十分哀痛，吃不下飯。

闞澤死時，孫權痛惜悲悼，幾天不能進食。

凌統病死，孫權聽了，拍床坐起，哀不能自止，多日減食，言及流涕。

朱然病了數年，孫權因他的病白天吃不下飯，晚上睡不好覺，病亡時，孫權素服舉哀，感傷悲痛。

呂范死後，孫權還都建業，過呂范的墓時喊道：「子衡！」（呂范的號）言及流涕，以太牢祭祀。

這樣的情景還有不少。

有評論者說，孫權養士，可以說是想盡了一切辦法讓他們出死力效命。

也許孫權待臣下的態度確實達到了這種效果。但我覺得事情不僅僅只是這樣。

孫權對待臣下是有一種眞正的感情，不只是利用。如對呂蒙，他若只是要取得對方的感激，就不會偷偷地躲著看望，而一定會讓對方知道。他對這些死者的悲傷哀悼，人死之後已不可知，他又何必做給人看呢？更何況這種深切的悲痛，即使是天才的演員，恐怕也是裝不出來的。我相信孫權動的是眞情！

當然，君主待臣下好，是要他們爲國家也就是爲自己效命。但是在這個過程中，一種超乎這個目的的關係和情感也就建立起來，並且有了相當的獨立性。不過，這也要看是什麼樣的君主；是深情厚義還是薄情寡義。

孫權是很重感情的。特別是對那些品行端正、才能突出、功勛卓著的部下，他有一種近乎對於至親骨肉的感情，對他們爲自己所做的事情滿懷感激之心。他同他們在長期的同生共死的奮鬥生涯中結下了深厚的友誼。

有這樣重情義的君主，臣下就會有知己之感，樂於爲之效命，甚至在必要時犧牲自己也在所不惜，所謂「士爲知己者死」。

事情的辨證法就是這樣：對人不只是利用，而是首先把他當人看，他反而倒能眞心實意下死力效命；如果只是以利祿爲誘餌，以威脅爲鞭策，那所能得到的，也只會是一個虛與委蛇的雙面人。

孫權哭了，這個雄略之主的哭爲自己的形象增添了新的光彩。

無情未必眞豪傑，流淚如何不丈夫！

不以寒門棄「周泰」

門閥及種族歧視觀念是人類最大的恥辱。

大將周泰在孫權年少時捨身救過他的命，而且立有不少戰功，被拜爲平虜將軍，都督濡須人馬。因他出身寒門，朱然、徐盛等諸將都不服爲其所部。於是孫權特地來到濡須，召集諸將，大擺宴席飲酒作樂。孫權親自把盞來到周泰面前，讓他解衣。孫權用手指著他身上的疤痕一處一處地問是怎樣負傷的。周泰一一回答說是什麼時候在某處打什麼仗受的傷。

孫權握著他的臂膀，眼淚直流，喊著周泰的字說：「幼平，你為我兄弟作戰如熊似虎，不惜身軀性命，身上幾十處創傷，皮膚像刀刻畫的一樣，我怎麼能不待你像自己的骨肉之親一樣，給你執掌兵馬的重任呢？」

他又說：「你是我們吳國的大功臣，我應該同你榮辱與共，休戚相關。幼平你應該怎麼快活就怎麼過，不要因為自己出身寒門而妄自菲薄。」於是把自己常用的御蓋賜給周泰，並讓他帶兵馬走在前面，擊鼓吹角以為顯耀。以後徐盛等人都服了氣，不再說什麼。

這裡，孫權再一次體現了他的濃郁的人情味。這是因為他能超脫傳統的門閥偏見的影響，以平等的態度待人。而在當時，要做到這一點，很不容易。

在他那個時代，門閥觀念是一個很厲害的東西。出身名門同出身寒門，其社會待遇是有根本區別的。人們崇信帝王將相有種，是可以也應該遺傳的。而出身寒門的人，本事再大，也只能做下等的事，任低賤的職。出身寒門的人就賤民。所以即使周泰身經百戰，立有大功，把他放在那些出身名門之將的上面，他們就不服氣。即便周泰自己，也會囿於傳統觀念而惴惴不安。

孫權利用自己的威望，當場顯示周泰的功勞，明確表示自己平等待人、同周泰親如骨肉的態度，直接點出了周泰不應該因出身寒門而受歧視，進一步給予周泰以榮耀，這樣才使衆將士服氣。

這種門閥觀念是最要不得的東西。它的要害就是確認人與人之間的不平等，一部分人對另一部分人的歧視。發展到極端，就是不把人當人看時。這種觀念以及類似的觀念是人類最大的恥辱。

美國實行黑人奴隸制的時代，白人女主人可以當著男黑奴的面脫光了身子換衣服，而毫無羞恥感。爲什麼？因爲在她們眼裡，這個男黑奴根本就不是人。在對人歧視上面，那種門閥觀念同這種種族歧視觀念沒有本質的區別。

在現代社會，那種明顯的門閥制度似乎是沒有了，但隱形的呢？觀念上的呢？實際上的呢？恐怕還是大大的有。

我們曾經經歷過那種以家庭出身決定一個人的命運的時代，我們曾經聽見過「紅衛兵」高喊「老子英雄兒好漢，老子反動兒混蛋」的著名口號，我們被劃分成「黑五類」「紅五類」，……那些被打入另冊的人是不被當人看的，有時甚至連人生安全都沒有保障。現在說起來似乎是噩夢的東西，當時卻是活生生的事實。

同不以寒門棄周泰的孫權比起來，許多現代人的意識要顯得陳舊得多。

今人比不上古人的地方，確實不少！

深諳心理學的孫權

人與人相處，不妨以人心換己心，因為人之相處，感情因素是高於一切的。

孫權奪取荊州後，荊州將吏都歸順投降，只有治中從事潘濬稱病不見，不肯歸降。孫權派人到他家中，用床把他抬了來。潘濬臉朝著床躺著不起來，淚流滿面，悲哀哽咽不能自己。

孫權多方安慰他，舉了古時楚文王、楚武王手下兩個大臣的例子，喊著他的字說：「承明，此二人都是你們荊國的先賢，雖然當初被俘虜，後來都受到重用，成爲楚國的名臣。而你不肯這樣，難道是以爲我沒有古人的氣量嗎？」

他讓左右親隨拿手巾爲潘濬擦臉，一再勸慰，潘濬終於起來表示感謝。孫權立即讓他任治中，荆州的一切事務都交給他。

後來潘濬果然成爲吳國的重臣，是孫權得力的助手。

我說孫權是一個深諳心理學的人，這個意思是，他懂得對不同的人採取不同的態度和方法，作法深入細致，能夠很好地了解對方的特點，以對方樂於接受的方式來採取行動。

潘濬是士人，在當地有較大名聲，有相當地位。士的特點是「寧可殺而不可辱」，所以要他歸降就不能來硬的，而只能採取尊重、體貼的態度，曉之以理，動之以情。以古代賢者打比方，這是曉之以理，說明歸順有道明君不爲羞恥，而是識時務，將會有遠大前途；用床把他抬來，親自安慰，讓左右親隨爲他拭淚，這是動之以情，讓他感受到孫權的體貼之心。最後孫權終於達到了爭取潘濬歸順合作的目的。

從以前的敘述中。我們可以看到，孫權是個極其勇武豪爽的人：喜歡打獵、喜歡與猛虎惡鬥、喜歡衝鋒陷陣、喜歡豪飲狂歡，處事明快果決。

這裡我們又發現孫權性格的另一個方面。孫權又是一個感情十分細膩、對人十分體貼的人。爲了怕勞乏呂蒙，他可以偷偷地從牆壁的洞隙來看他。對待潘濬也是態度溫和，語言曲折盡意，唯恐對方難堪。

我們說到一個叱吒風雲的雄略之主，腦海裡浮現的形象就是粗粗獷獷、大大咧咧的樣子，很難同這種善於揣摩對方的心理、待人細致體貼的性格特徵結合起來。其實人本來就是複雜的、多面的，更何況是像孫權這樣的人物；而我們的觀念倒往往起了把歷史人物簡單化的作用。

爲人君者待臣下能夠如此，就會使他們有一種知己之感，覺得承受了莫大的知遇之恩。而這，不是一般的功名利祿所能代替的。人與人相處，感情的因素是高於一切的。感受到主上的尊重和體貼，以人心換己心，他們也就會有相應的還報，盡心竭力爲主上效命。

孫權的確不簡單！

不殺人質是仁德

人類走向文明開化，其中重要的一條是承認個體獨立存在的價值。

孫權當皇帝後，曾下詔書說：「以前督將有逃亡叛變的，就殺他的妻子兒女，這是使其妻子背離丈夫，使其子女拋棄父親，不符合以仁義作教導的精神，今後不要再殺這些人質了。」

寥寥數語，話雖簡單，意義重大。

殺人質在現在看起來是野蠻的、不人道的、無人性的，在當時是天經地義的事。

在那個時代，人倫關係是超乎一切之上的。爲了防止部下叛逃，普遍採用的方法就是以他們的親屬爲人質。如果發生了叛逃事件，就把他們的親屬處死。採用者和這種方法的受害者都不認爲這裡有什麼不對頭的地方。

所以曹操、曹丕數次要孫權送兒子做人質，以示誠心歸降。而孫權堅決不送人質，也就是並非眞心歸順，在實際上保持自己的獨立性。

徐庶本在劉備這裡做事，曹操把他的母親扣押了，他只得棄劉投曹。劉備也不強留他。人質在彼，若強留，就等於殺徐庶的母親。

吳蜀夷陵之戰後，蜀將黃權因歸蜀無路，降吳不可，無奈降魏。蜀國司法部門奏請將黃權的妻子兒女抓起來殺掉。劉備說：「我原先沒有聽黃權的話，遂有此敗。是我對不起他，不是他對不起我。」這樣才免了他全家一死。

孫權的詔書一下，不知會改變多少人的命運，不知要救活多少人。在那個視殺人質爲當然的時代，這眞是功德無量的事情。

也許孫權考慮了吳國的實際情況，認爲這種陳舊的規定實在沒有繼續保留的必要。要讓將士不背叛，關鍵的還是動之以情，以感情來維繫他們。以殺人質作爲威脅，終究不是解決問題的根本辦法。

孫權的詔書中提到「義敎」，也就是仁德之說，用現代的話來說就是人道主義。

一人有罪，應該一人承受，爲什麼要誅連他的妻子兒女全家老小呢？這當然是毫無道理的。但這樣的陋規，不要說在當時是盛行的，就是在現代，也並非完全沒有遺跡。它是經過了一個漫長的時期才逐漸消失。

孫權能夠下詔不殺人質，是開風氣之先，足見他的開明、仁德和人道精神。在當時那個背景下，作出這樣的決定是不容易的。

人類走向文明開化，其中重要的一條是承認個體獨立存在的價值，這個價值並不依賴於他所在的階層、家庭等等的情況而定，完全是由他個人的能力、品格、創造性來決定的。有了這個前提和條件，個體才可能獲得自由全面的發展。而個體自由全面的發展是整個人類社會健全發展的基礎。

不殺人質，功莫大焉！

違法奔喪者大辟

「違法奔喪」意指：不經許可，不辦理公事交代，擅自奔喪回家。

上面說了孫權的仁德，這裡要說他一個似乎不怎麼仁德的規定：違法奔喪者大辟。

孫權下詔書說：「孝子守喪三年，這是天下通行的制度，也是人情極度哀痛的表示；賢明的人捨棄個人的私哀來服從國家的大禮，不賢明的人勉力去爲父母守孝三年。孝子遇到喪事不回家奔喪並非古禮，而是順從時宜，以大義爲重而割捨個人的私情。現在正值國家多事多難的時候，凡是在職的官吏，應當各自爲國盡忠，先公後私，而不要死板地沿襲舊的喪禮，這是很無意義的。請朝內外大臣重新對此事進行商議，務必使這方面的法令適當，訂出詳細的條款。」

最後衆臣商議的結果，由丞相顧雍上奏，違法奔喪處以死刑。

這個法令頒布以後，吳縣縣令孟宗母親死，他違法奔喪，事後在武昌自己把自己拘禁起來聽候懲罰。陸遜向孫權陳奏孟宗平素的行爲，藉此爲他求情。孫權給孟宗減刑一等，並重申以後違犯的人不得援引此例。這以後就再也沒有違法奔喪的事情了。

所謂違法奔喪，就是不經許可，不辦理公事交代，擅自奔喪回家。這樣必定會耽誤公事，如果遇到緊急情況，還會誤了大事。所以孫權把它當作一個必須徹底解決的問題提了出來。

這種事情在現在不算什麼問題，不過是花幾天時間，辦理一下喪事就完了。當時可不這麼簡單。按傳統體制，父母去世兒子應該在家守孝三年，不能出來做任何事情。

當時強調的是以孝治天下，不孝是可以判死罪的。魏晉名士嵇康就是因爲替「不孝者」說了兩句話，被政敵以「不孝者同黨」的罪名處死。

爲了盡孝而對國事不忠，在那個時代不認爲是不應該的事情。所以徐庶因其母被拘在曹操處，他棄劉投曹，他和劉備都認爲是理所當然的事情。不這樣做反倒覺得有悖情理。

在這種背景下，孫權定下這樣的法令，是一項重大的改革，需要對抗和破除人們頭腦中傳統觀念的惰性。

而法令一旦頒布，除了開初發生一例，此類違法奔喪事件完全絕跡。這說明對於過去的體制，人們心靈深處並不認爲合理，只是囿於成見，沒有誰敢首先捅破這一層薄紙。孫權定下這個法令，爲人們更新觀念在法律上起了推動作用。

在職官吏具有兩重身分，既爲人子，又有公務在身。在這兩種義務發生衝突時，當然應該先公後私，以國家大事爲重。這在今天看來是一個不待言的常識，在當時卻得花費極大氣力才能把人們的認識扭轉過來。

對於官吏個人來說似乎是不夠仁德的規定，對於國家來說卻是必不可少的。當官不以國爲主，不如回家賣紅薯！

違法奔喪者大辟，應該！

虎毒也食子

俗話說：「虎毒不食子。」，但，孫權殺了他的兒子。

孫權晚年廢了個兒子的太子位，賜另一個兒子死。這兩個兒子都沒有什麼明顯的罪行。他只是聽信讒信說太子對他不孝；而另一個兒子則培植自己的勢力要與太子爭位。但他還是這樣處置了他們。

在我們的印象中，孫權不應該是這樣的人。他對待自己的下屬是很有人情味的，而且賞罰分明。怎麼落到自己兒子的頭上，他卻是這樣背離人之常情，連「老虎」也不如呢？

我們且看看他對待別人兒子的態度。

大將凌統病亡，兩個兒子只有幾歲，孫權把他們養在宮中，像親生兒子一樣看待。有客人來時，他就自豪地介紹說：「這是我的兩個虎子！」到他們八、九歲，孫權派專人教他們讀書，每十天讓他們學習一次騎馬，並封長子爲侯。

前面我們提到的劉基，他是敵人的兒子，孫權卻特別喜愛他，對他恩寵有加，簡直就像對親生兒子一樣。

對部下甚至敵人的子弟尚能如此，對自己親生兒子又怎會如此絕情呢？

這兩種現象看起來是完全矛盾的，但它們集合在一個人身上。其實人本來就是一個矛盾，更何況孫權這樣複雜的人物！

孫權是一個完全政治化了的人物，在我看來，這就是解釋他的矛盾現象的關鍵。

所謂完全政治化，這就是說，他把自己完全投入到他的帝王之業中，吳國就是他的生命，他的自我，他的一切，此外的自我不復存在。

這樣，我可以把他對臣下和兒子的態度歸納爲兩句話：他視君臣之義爲骨肉之親；他視骨肉之親爲君臣之義。

他對待那些功勞卓著的臣下，確實親如骨肉，充滿著眞誠的感情。因爲在他看來，他們爲吳國所作的一切也就是爲他所作。他視吳國爲一個大家庭，這些賢臣良將就是他最好的孩子，他怎能不好好地對待他們？

他對待自己的兒子，首先是從君臣關係的角度看。他處理了兩個兒子，主要不是個人感情在起作用，而是從吳國的長治久安來考慮的。看到國內衆大臣分爲兩派，分別擁戴兩個兒子，他怕自己死後吳國會分裂，落個亡國貽笑天下的下場，於是作了這樣的處置。

在對兩個兒子處理的輕重上也可以看出這一點。從個人感情角度講，他應該更恨太子孫和一些，因爲孫和對他不孝。而魯王孫霸則未聞有這樣的過錯。但他只廢了孫和的太子位，而賜孫霸死。因爲在他看來，孫霸在內部爭位，對吳國的內亂具有更大的危險性，不處死他不足以消除這種危險。

作爲一個父親，我想，孫權在作這種處置時心裡一定是很痛苦的，但他無可奈何，又不能不這樣做。這是這個雄略之主的人生悲劇。

寫到這裡，我不禁久久地爲我筆下的主人翁嘆息！……

愛民篇

且「徙武昌瓦，來補建業宮」

對國家的一磚一瓦都愛惜，是一個欲創萬世基業的雄略之主應有的品質。

孫權當了十八年皇帝，在都城建業（今南京）的住處還是他三、四十年前當將軍時的將軍府。由於時間太長，柱材較細並開始腐朽，房屋有倒塌的危險，於是下詔修建這個建業宮。

他的詔令是拆除武昌宮，將其材料磚瓦運來作修建之用。主管官員上奏說：「武昌宮也有二十八年歷史了，其材料恐怕也不堪使用，最好是下令在全國普遍砍伐木材交納使用。」

孫權的回答是：「大禹以簡陋的宮殿爲美，現在戰事還沒有完結，百姓承擔的賦稅很多，如果在全國砍伐，恐怕會破壞農桑。把武昌的材瓦運來，差不多也就夠用了。」

當了十八年皇帝，在都城還沒有自己的宮殿，就是建一個新宮也不爲過；而孫權在修補原來的舊府邸都這麼節省。雖說三國時期的幾個開國君主都比較節儉，但能夠做到這個份上的恐怕也只有孫權一人。

其實這一時期已經多年沒有大規模的戰爭，人民休養生息，吳國國力逐漸強盛，至少建造一個宮殿，還不至於說是負擔不起。

孫權想的是老百姓辛苦、盡量減輕他們的負擔。從這一點看，說他是一個開國明君，是不爲過的。

對國家的一磚一瓦都愛惜，是一個欲創萬世基業的雄略之主應有的品質。

當然，宮殿建造得越高大越氣派越華麗，講究排場的帝王就覺得越光彩越適意，住在裡面也就越舒服。但孫權不講究這些，他認同大禹的審美觀，以簡陋的宮殿爲美。

在我看來，這就是一種境界。首先，作爲帝王、至尊、萬乘之主，他認爲最重要的是成就帝業，以事業的成功與否和大小怎樣來判定自身的榮耀，而不在於住什麼地方，住得怎樣。

其次，他認爲，住得簡陋一點，減輕百姓的負擔，盡量節省國力，是有道明君所應該具有的美德。他應該向古代賢君，如大禹等學習。反之，如果大肆揮霍民脂民膏，大興土木，宮殿越是巍峨壯觀，就越是反襯出了這個帝王的無德和醜陋。

幾百年之後，唐代的詩人杜甫，在年老體衰、窮困潦倒之時，吟出感人至深的《茅屋爲秋風所破歌》，最後兩句是：「安得廣廈千萬間，大庇天下寒士俱歡顏。」

詩人由己身的困苦而聯想、體恤到天下寒士之苦，這是一種高的境界，但從實際行動上來說，他是軟弱無力的，不能給同他一樣的窮苦人什麼幫助，只能嘆息和呼喊，最後編織了一個美麗的夢。

廣有天下的孫權，跟詩人杜甫有著同樣的境界，而他的一個念頭、一句話、一個決定卻可以給老百姓帶來莫大的福利。他不大興土木，以「卑宮」爲美，這不知會讓多少寒士俱歡顏，把他們安居樂業的夢變爲現實！

且「徙武昌瓦，來補建業宮」。功德無量，善哉！善哉！

不立皇后和王子

在考慮事情作決斷時，當有主次之分。

孫權當皇帝後，長久未立皇后和未封子爲王。在他即位第十三年，百官上奏請立皇后和以四位兒子爲王。

孫權下詔書作答說：「現在天下還未安定，民衆勞累困苦，況且有功的人有的還未錄用，飢寒交迫的人民還沒有撫恤，卻要濫割土地使自己的子弟富裕，提高爵位來寵幸自己的妃妾，我很不贊同。請你們放棄這種建議。」他拒絕了百官的奏請。

在我們的印象中，皇帝和「家天下」是聯繫在一起的。通常當皇帝的是把這個國家看成他個人私有的和他一家世襲所有的東西，由他分配給家裡的衆人。但這種想法過於簡單了。至少對孫權這個皇帝來說，並非如此。

在孫權看來，天下者，天下之天下也，並非他一個人或一家人的天下。他是靠勞苦老百姓、辛勤衆臣下才取得天下，他必須對天下的百姓有所還報，必須對衆臣下有所封賞。

他首先要安定天下，弭平戰亂，使百姓免於流離失所之苦，能夠安居樂業。這是對老百姓擁戴他爲皇帝的起碼報答。

其次要對有功之臣給予適當的位置和安排，封給他們爵號和土地，使他們能夠享受到應有的榮譽。這是對臣下爲他效命的還報。

在這之後，他才應該考慮自己家裡的事情，如立皇后和王子，給他們以封號和土地等等。

這種主次之分，體現了他的「天下者天下人的天下」的思想。如果要說凡帝王者都有家天下的思想的話，那麼，在孫權這裡，顯然有一個大「家」的觀念。國家國家，他是以整個國家爲家。在這個家中，所有的臣民都是他的子弟。而他自己的那個小家，在其中的份量就不是特別重。他如果以小家而害大「家」，那就是沒有盡到他這個當家長的責任。這樣他這個家長也當不長。

孫權非劉姓宗室，不能以天生龍種自命；又非江東土著大族，在當地沒有什麼根深蒂固的勢力，如果不能得到百姓的擁戴，他就什麼憑藉都沒有了。所以他特別重視自己的舉措是否得民心。

不論是什麼樣原因，孫權只要能夠不以天下為一己之私，在考慮事情作決斷時，先為天下臣民著想，這便是江東老百姓的運氣，也是江東能夠長治久安的重要因素。

即使是封建時代的帝王，他如果想有所作為，獲得百姓的擁戴，也不能只顧自己的個人小家的私利，而得首先顧及這個大「家」，更何況現代的人呢？

但確有一些「現代人」，其精神境界還抵不上孫權這樣的封建帝王。在他們的眼裡，自己管轄的地盤就成了自己私人的東西。他們想千方設百計，利用權柄為自己、為自己的一家撈好處。正所謂是「一人當官，雞犬升天」。面對著孫權當皇帝十三年不立皇后和王子這一史實，不知他們是否有一絲愧意？

不立皇后和王子的孫權，方能立於不敗之地！

節衣縮食當皇帝

一個人能吃得了多少？用得了多少？耽於安樂，貪圖享受，只會加速敗亡而已。

在拒絕了百官立皇后和王子的建議這一年，孫權又下令各地禁止進獻皇帝御用的方物。同時下令降低皇帝的伙食標準。這樣他在衣食住行幾方面都做到盡量節儉。

我們想像中的帝王，不過分奢靡就算不錯了，那裡有節儉如此的？反倒覺得孫權不可理解。從常情想，當帝王者不是爲了功成名就後舒舒服服享受一番，又爲了什麼？即使草創時期還不能這樣，現在稱帝多年了，還不能盡情享受麼？如果不是這樣，當了皇帝還要節衣縮食，那當這個皇帝又有什麼意味？

孫權這樣做還是著意於百姓。他認爲天下還沒有安定，百姓還有疾苦，還有飢寒交迫之民，他這個當君主的就不能過於享受，就應該約束自己。

其實他一個人又能吃得了多少?用得了多少?

他這樣做的意義，在於造成一種風氣。

上有好者，下必有效者。孫權如果鼓勵進獻御用方物，各級官吏勢必會想方設法投其所好，搜刮民脂民膏，同時順便爲自己撈好處，這樣就不僅僅是他一個人吃和用的問題，而成了是安民還是擾民的問題。

既然現在連皇帝都節衣縮食，而且明確下詔，各級官吏也就不敢大肆揮霍，任意浪費，更不敢假借進貢的名義去擾民和爲自己撈好處。

國家自皇帝起，各級官吏都盡可能地節省開支，老百姓的負擔才可能減輕。這樣他們才可能積極從事勞作，國力才會強盛。這正是孫權想達到的目的。

他對自己在物質享受方面約束得很緊，對立有大功的臣下卻毫不吝嗇。呂蒙襲取荆州成功後，孫權除封以厚爵外，還賜錢一億，黃金五百斤，而且不許呂蒙推辭。

大臣呂范衣著車馬講究華麗排場，有人告發，孫權不予追究。孫權並不認爲他做得對，只是因爲他有才能又屢建功勞，而原諒了他的這一缺點。

而孫權本人非但不講究衣食住行的享受，而毋寧說對自己有些過於苛刻。正因爲如此，像呂范這樣的人，即使有才，也只能作他的臣子；而孫權畢竟是孫權，他是一代雄略之主。節衣縮食當皇帝，這就是他的過人之處。

如果說孫權是因爲天下未定、戰事未完全平息、百姓仍有疾苦，而不能貪圖享受的話，那麼他永遠不可能有安閒下來、耽於享受的那一刻。他給自己定下的只是一個理想化的目標。實際上孫權多年來已經養成了過艱苦生活的習慣。

一個人無論是做好事還是幹壞事，是想保持好的習慣還是想維繫壞的惰性，他都可以找出理由來。是孫權自己不想耽於安樂、貪圖享受；不然的話，他還愁找不出享樂的由頭來嗎？

「節衣縮食當皇帝」，我怕現在的許多人會笑話孫權是個老憨，特別是在這個物欲橫流、講究消費的時代。

但是究竟應該由誰來笑話誰呢，如果孫權還活著的話？

親自耕田的孫權

形而上者之謂道，形而下者之謂器；君子不器。

在與劉備大戰之後，又有數年抵禦魏軍的來犯，吳國的外患終於逐漸平息下來。於是孫權下令說：「戰爭的時間已很長了，百姓久離土地，父子夫妻不能相互接濟，我非常同情他們。現在北方之敵已經退縮逃竄，境外沒有什麼戰事了。我命令各州郡實行寬緩政策，讓人民生養休息。」

這時陸遜因到處缺糧，上表請令諸將開荒擴大農田。孫權答覆說：「很好。現在我們父子親自接受一份公田的任務，用給我駕車的八頭牛拉四張犁耕種，雖然趕不上古代的聖君，也想和大家同等地從事勞作。」

這時孫權當吳王已有五年。其中後三、四年已同魏國斷交，孫權實際上是一個還沒有正式稱帝的皇帝。

像孫權這樣親自耕作以示範天下的帝王，自古少有。

孫權自謙比不上古代的聖君，但是，單憑他「想和大家同等地從事勞作」這一點來講，我覺得他堪與古人相比。古往今來，能夠親自耕作的君王恐怕也找不出幾個來。

他認爲自己和衆人一樣，也有義務墾荒開田種糧。他這一份勞作從收入講，比之全國雖然只是滄海一粟、微不足道，但意義卻是不可估量的。這是提倡和激勵農民、將士好好種田，以種田爲榮。爲君王者都親自扶犁耕種，吳國民衆人等更會踴躍投入。

孫權是懂得抓大事的；此時擴大農田就是大事，他就用這種親自帶頭的方式來做到這一點。

一個有雄才大略的帝王就應該是這樣的人。孫權不是一個純粹的讀書人，四肢不勤，五穀不分；也不是一個純粹的武夫，只知道打仗，不懂其餘；更不是一個純粹的帝王，只會端坐朝堂，指指點點。他是一個綜合型的人物，是一個什麼都會、在需要時什麼都能做的人。

語曰：「形而上者之謂道，形而下者之謂器；君子不器。」孫權很有一點形而上的味道，什麼都能來一下，又不專門執著拘泥於某一特長，所以我們覺得他有點複雜。

應該如此說，他是一個適合於他那個時代的人。王夫之曾用貶義的詞來概括三國君主各自的特點。他說：「曹丕逆、劉備愎、孫權狡。」曹丕逆是指他代漢自立；劉備愎是指他不聽勸諫、一意伐吳，終遭大敗；這兩點都好理解。唯獨孫權狡並無具體所指，似乎是指他的性格或氣質。這種貶義的詞在我看來其實是褒義。

狡，是指孫權為達到自己的目的可以採用各種手段，以最有效的方式來實現它，沒有任何多餘的觀念上的束縛和羈絆。例如，在需要親自耕作時就親自種田。這難道不是優點嗎？

落筆至此，腦海中浮現出孫權當年扶犁揮鞭趕牛的情景，這該是一幅多麼耐看的農家樂圖！

石頭與愛子之頭

惠施以為，當有人要打我愛子的頭，而石頭可以拿去代替時，這石頭就是輕的，而我愛子的頭就是重要的。以輕代重，有何不可？

孫權屈身事魏期間，曹丕趁機索要大量奇珍異玩，如雀頭香、大貝、明珠、象牙、犀角等。吳國群臣認爲曹丕的要求於禮不合，不應該給。

孫權的態度是：給，要多少給多少，完全滿足了曹丕的要求。

他舉了古代哲人惠施的話來說明道理。惠施說：「當有人要打我愛子的頭，而石頭可以拿去代替時，這石頭就是輕的，而我愛子的頭就是重要的。以輕代重，有何不可？」

孫權說，現在西北一帶正有大事，江東的百姓靠我們爲生，就像我的愛子。而對方的要求，在我看來，就像瓦石一般，我有什麼捨不得的呢？

孫權爲了保境安民，願意捨棄寶貴的珍玩；人和物之間，孰輕孰重，他是分得很清楚的。有了人就有了一切。而財物，即使再貴重，失去了還是可以透過人的勞動和創造再獲得。在這個意義上說，人是無價的。所以孫權把那些奇珍異玩比作一文不值的瓦石，而把百姓比作他的愛子。他願意用這些瓦石去代替愛子的頭。

這裡體現了他以人爲本的思想，創造財富的人比財富本身更有價值。同孫權相比，現代社會許多人在這個問題上的觀念就差得太遠了。

我們現在似乎處在一個金錢拜物教的時代。一切向錢看、錢就是一切、金錢是萬能的，這實際上已成了許多人的信條。金錢似乎成了人的身分、地位、價值的唯一標誌，而人自身反而失去了獨立存在的價值。不是人主宰金錢，而是金錢主宰人。

問題的關鍵是，對於一些人來說，爲了金錢，什麼人格、尊嚴、公德、私德、職業道德等等，都可以不要；發展到極端就是毫無羞恥感，欺詐害人、違法犯罪，什麼都可以做。

一次我在長途汽車上，車開後不久，一個人要下車，另一個人把他叫住，說是自己的錢被他撿去了，要他拿出來。那人口袋裡果然有一包錢。兩人正在爭執，又有幾個人勸丟錢者拿出幾張錢來答謝撿錢的人。這人把錢包打開，裡面竟是一大疊面額爲一百英鎊的外幣。

這幾個人頓時眼睛發亮，拿出錢來跟這個人換英鎊。這人不肯換，這幾人逼著要他換。其中，坐在我旁邊的那個人還拿出驗鈔機來檢查英鎊的眞僞。他們用不到市面價格五分之一的錢換得了一些外幣，還連呼錢帶少了，不然的話就可以發大財。

就這樣折騰了近一個小時以後，其中一人突然要司機停車。待車停住，呼拉一下子下去了七、八個人，有丟錢者、撿錢者和那幾個先吵鬧喧騰著要換錢的人。

雖然一直有疑惑，這時我才最後確認，剛才整個的是一騙局。而車上已有數人上當，被騙了數千元。

行騙者可恨，被騙者可憐，其實他們都很可憐，都是金錢慾的奴隸。在他們那裡，石頭是重重的，而愛子的頭——也就是自己健全的人性——卻沒有絲毫分量；寧可讓自己脆弱的良心發現被擊打得粉碎，也割捨不下那一堆石頭。

但願石頭迷們能迷途知返，但願愛子之頭能完好無損！

但願這不只是我的祝願！

勞民的愛民者

上位者只有得到其臣屬的愛戴，才能長久的存在下去。

孫權把百姓看成他的愛子，要依靠他生存。他同時還有另一句話，就是：「君非民不立。」作君王的要依靠老百姓的支持才能存在。作為一個國家整體，君民是一種互相依存的關係。

他首先確認一個基本事實：他以及他帶領的這支軍隊人馬，都是靠老百姓來養活的。他在給諸葛瑾等大將的長篇詔書中說：「自孤興軍五十年，所役賦凡百皆出於民。」沒有百姓提供給養和勞力，也就沒有他的軍隊和政權。

百姓不僅養活了他和他的軍隊，而且他們本身就是這支軍隊的來源。屯田制下的農民，既是百姓又是士兵；平時生產，戰時打仗。

君非民不立，更一步的意思是，當君主的只有得到百姓的擁戴，才能夠長久地存在下去。這裡他的思想同幾百年後唐朝開國皇帝李世民的想法是一致的；水可以載舟，也可以覆舟；老百姓就如同這水，帝王就如同這舟。

這是他從歷代王朝興衰史特別是漢末以來幾十年的切身體驗中得出的結論。漢王朝有天下四百餘年，終因朝政敗壞、外戚和宦官交替擅權、民不聊生、失去人心而覆滅。

天下紛爭，戰事頻仍，群雄割據。草頭王如走馬燈似地上了又下。那時的將軍、侯爺恐怕就像現在的總經理一樣多。但能夠成氣候的，只有那些用自己的行爲獲得民心，得到老百姓擁戴的人。

孫權本人也是其中之一員。數十年與天下群雄爭衡，他更深切地知道，沒有什麼天生的龍種，沒有什麼天命之所歸。成則爲王敗爲寇。而成敗的關鍵就在於能否得到百姓的擁戴。

從史料上看，孫權在位期間，對百姓的賦稅不能說是很輕。陸遜曾請孫權寬賦息調，孫權的答覆是，如果只打算守江東，現有兵力是夠用了；但這樣想就太淺陋了。

一方面，孫權有一統天下之志，而不安於守成，這樣爲征戰作準備，勢必會增加百姓的負擔；另一方面，他也很懂得愛惜民力、讓百姓安居樂業的重要性，這是他這個君王能夠存在下去的基礎。

爲解決愛民和勞民這一對矛盾，他注意了兩點：在徵用民力上注意了適度，並且自奉甚儉，在戰事較長或有災荒的時期對百姓的負擔實行寬緩政策；注意不打那些無意義和無把握的仗，不去白白地耗費民財人力。

孫權有句話經常說：勞煩百姓，事不得已。這反映了他兼顧兩者的態度和心理。孫權在位五十餘年，大小征戰無數，幾乎沒有大敗。這跟他謹慎用兵、不輕易用重兵、稍見不對就撤軍的態度有很大關係。而這種態度又是基於「勞煩百姓，事不得已」的思想。

爲君王者，待百姓能夠如此，也算是仁德和有人道的吧！

施德與施刑

施德者必輔之以刑，施刑者必存施德之心，為君者當如是！

王夫之在比較三國時說：「魏、蜀兩國，曹操、諸葛亮、劉備都是按申不害、韓非子法家的那一套做法，用法嚴竣操切，而王道沒有了；只有吳國因顧雍、陸遜寬仁治國，所以無苛繁之政，使民生養休息。」

王夫之每論三國都有其獨到之處，但是，讀到這裡我卻不以爲然，所論似乎有些於史不合。

從史料上看，吳國在刑罰方面並不比魏、蜀寬緩。孫權是主張嚴刑峻法的。陸遜曾上表請孫權「施德緩刑」，即施行以仁德治國，減輕刑罰。

孫權的回答是：「設置法令是爲了遏制邪惡的事情，戒備還未發生的犯罪，怎麼能不設置刑罰以威懾小人呢？這是先有法令，然後依法處置，不想讓人犯法而已。您以爲刑罰太重的地方，我也並不把它當作多麼好的事情，只是不得已而這樣做罷了。」

他同時還說，既然陸遜上表提了這個意見，那就應該重新諮詢商量一下這個事情，一定要使法令切實可行。他下令有關官吏寫出全部法令條款，派人送給陸遜和諸葛瑾，請他們對認爲不妥當的地方增刪修改。

在吳國眞正的決策者還是孫權。對於臣下的意見他可以採納也可以不採納。當然，他是重視像陸遜這樣得力大臣的意見的。但從上所述可以看出，他首先是堅持自己以法治國的主張，說明道理，然後在此基礎上依大臣們的意見作適當調整。

吳國在施行嚴刑峻法上同魏、蜀沒有根本的區別，這是時勢使然，並非某一個人可以隨便改變或決定的。

漢末天下大亂，朝綱敗壞，法令廢弛，而人心不以法制爲意，國已不國。新立朝者如果不思重振綱紀，厲行法治，就會重蹈覆轍。

在孫權看來，設置法令不是目的，只是一種手段；是爲了遏制犯罪，使國家長治久安，使百姓能夠在一個安定的環境裡休養生息。這是一個愛護臣民的君主起碼應該做到的事情。

厲行法治，嚴格執法，對於那些受重刑的人來說也許不夠仁德，但這又是必要的。孫權在這裡再次用了「不得已」三個字來說明自己的態度。

施德與施刑並不是絕然矛盾的。

只有厲行法治，有效地遏制邪惡、預防犯罪，才能讓百姓生活在一個安全、安定的國家之中，這就是在最根本意義上的施行仁德之政。如果法令不伸，惡人橫行，百姓連人身安全都沒有保障，恐怕這就是最大的不仁，這樣的君主就是嚴重失職。

當然，在量刑的輕重上，在如何使施德與施刑幷行不悖上，是可以盡量做到適當、適中、適度。在這一點上，孫權頗能夠充分聽取臣下的意見。

施德者必輔之以刑，施刑者必存施德之心，爲君主者當如是！

君王、官吏、百姓

君王、官吏、百姓，一種意味深長的三角關係、一個極具趣味性的「三怕」局面！

孫權自己注意生活簡樸，盡量做到不勞煩百姓，不擾民。但作爲一國君主，僅僅做到這一點還是不夠，他還必須讓各級官吏都做到不擾民、不害民、不勞煩百姓，這樣百姓才能安居樂業。

對於侵農擾民的不良官吏，孫權是堅決打擊的。他下詔書說：「近來百姓納稅和服役太多，連年有水、旱災，收成減少，而有些不良官吏侵佔農時，使人民挨餓受窮。從現在，督軍和郡守都要認眞追查官吏的非法行爲，對於那些正當農時以徭役侵擾百姓的，都要向我揭發報告。」

君王同百姓的關係，大都是間接的。他的意志，他對百姓的態度，主要是透過各級官吏的活動體現出來。他主要應該做的事情，就是管好這些當官的，特別是當大官的，使他們忠實地執行自己的指令。

前面說的厲行法治，實行嚴刑峻法，不僅僅只是針對老百姓，更多的內容是針對各級官吏。如違法奔喪者大辟，就是指現任官吏，對百姓而言就不存在這個問題。

孫權採取與民休息的基本國策，各項法令的制定也以此爲根據。侵佔農時、以徭役擾民就是非法行爲，就是犯罪。這樣來執行法令，是對於爲官者的嚴厲，也是對於百姓的寬鬆和保護，應該受到百姓的歡迎。

正因爲如此，儘管孫權晚年有過一些嚴重失誤，如任用奸人呂壹，致使百官遭誣陷，冤案大起；又如因太子廢立問題而枉殺和流徙大臣，政局受損，但這都只是在君王和官吏這一層次上的衝突和矛盾，並未對百姓的生活造成多大影響，因此吳國國勢還是穩固的。

君王、官吏、百姓，形成一種有趣的「三怕」局面和關係。百姓怕官吏，官吏怕君王，君王怕百姓。如此周而復始，相互制約。

百姓當然是怕官吏的，因爲這些父母官直接掌握著他們的生死予奪大權；但不一定怕皇帝。所謂「天高皇帝遠」，皇帝還直接管不到他們的頭上來。

官吏當然是怕皇帝的：君爲臣綱；君要臣死，臣不能不死。皇帝手中操著對官吏的生殺予奪大權。所以當官的見了皇帝總是誠惶誠恐。

皇帝怕百姓，這是因爲「君非民不立」。百姓如同水，皇帝如同舟，水可以載舟，也可以覆舟。當然，怕百姓的皇帝必須是像孫權這樣明於君民關係道理的。如果是糊塗的昏君，就不一定怕百姓，但他也不會久長。

看來這個「三怕」的根子，或者說最有主觀能動性的一環，還在君王身上。君王以百姓爲本，約束官吏，就可能形成三者關係良好循環的局面，達到天下大治；不然，君王、官吏都不以百姓爲意，苛政猛於虎，這個國家也就難以維持下去了。

君王、官吏、百姓，一個意味深長的三角關係！

好學篇

勤奮好學的孫權

你對時間珍惜，時間就不會虧待你。

孫權是個勤奮好學的人。

他不但自己好學，還勸他的部下學習。他曾對呂蒙和蔣欽說：「你們現在都掌權管事了，應該讀書學習獲取教益。」呂蒙回答說：「我現在軍務太多，恐怕沒有時間再去讀書。」孫權說：「我難道是要你治經當博士嗎？只不過是要你廣泛涉獵一下，對歷史有所了解。你說事務繁多，總沒有我的事情多吧？」

他接著說，他小的時候把《詩經》、《尚書》、《左傳》、《國語》都讀遍了，只是沒有讀《易》。自從接任江東領袖，他又反覆閱讀《史記》、《漢書》、《東觀漢記》和諸家兵書，自以爲大有收益。

孫權最後引用孔子的話：「終日不食，終夜不寐以思，無益，不如學也。」並接著說：「光武帝在兵馬勞務之中，手不釋卷。曹孟德也自稱老而好學。你們爲什麼不自勉呢？」

孫權終其一生，能有如此之大的作爲，取得豐功偉業，除了其它的優長之處，勤奮好學當是一個重要原因。從他平時言談、詔令中可以看出他讀的書很多，知識面很廣，而且能夠結合自身的實踐，往往有獨到的見解。他一生戎馬倥偬，政務繁多，可謂日理萬機，哪來的那麼多時間讀書學習想問題呢？

一個勤奮好學的人是可以創造奇蹟的。

我看過一本介紹一位外國科學家柳米歇夫充分利用時間的書。給我印象最深的是他堅持每天記載自己使用時間的情況，數十年如一日。甚至在他得知自己的兒子在戰爭中陣亡的消息，第二天仍然繼續這種記載工作。

他每天對於時間的統計是非常細緻的。整塊時間的使用只要在一刻鐘之上，他就記錄下來。這樣，翻開他的記載本，他一生的活動情況一目了然。他自己也定期綜合統計使用時間的情況。如，有多少時間看書學習，多少時間做什麼工作，多少時間休息和娛樂等等。

由於他是這樣地勤奮和珍惜時間，他的學習和工作效率特別高。他一生著述非常豐富，在許多領域都有成就，而且這些領域有的甚至是完全不相關的。在許多方面他是靠自學取得成功的。乍看之下，人們不相信一個人在其短促的一生中會做出這麼多高質量的事情來，覺得幾乎是一個不可能的奇蹟。但當人們了解到他那不同尋常的時間利用法後，又覺得這是一個順理成章的事實。

我想，孫權也應該是比常人更會利用時間，才能夠在十分繁忙的事務之中博覽群書，開卷得益。你對時間珍惜，時間就不會虧待你。勤奮好學的人是會創造出常人不可能做到的奇蹟。這在古今中外都是相同的。

孫權談到漢光武帝對於時間的充分利用。他還舉了曹操老而好學的例子——他們雖然是敵對者，在勤奮好學這一點上倒是一致的。

實際上，又有哪一個成就卓越的人，他不是靠勤奮好學而達到自己的目標的呢？

曹丕的嘲笑沒來由

評詩論文是一門學問，創基立業、安邦定國、經世濟民更是一門大學問。

吳國使者趙咨到魏國，魏文帝曹丕嘲笑地問道：「吳王也懂得點學問嗎？」——在他看來，孫權雖然是一位有實力的一方之主，卻並沒有什麼知識學問。

趙咨的回答是：「吳王浮江萬艘，帶甲百萬，使賢任能，志存經略，一旦有空閒，就博覽書傳歷史，從中汲取精華，而不是學那些書生，不過尋章摘句罷了。」

曹丕的嘲笑是沒來由的。而趙咨的回答有他的道理。

曹丕是個頗有名氣的詩人和文論家，他所說的學問，也正是趙咨所不屑的「尋章摘句」學。評詩論文確實是一門特有的學問，並非人人都弄得了的。在這一方面，他是可以向孫權表示驕傲，因爲沒有聽說過孫權在這一方面有些什麼特長。

但學問不止文學一途。創基立業、安邦定國、經世濟民，也是一門大學問。在這一方面，曹丕可沒法同孫權相比。當年曹操喟嘆說：「生子當如孫仲謀！」未必沒有對他自己的兒子，包括接他位的曹丕的某種失望之感。

在文學上的成就，曹丕、曹植都不弱於曹操，可以說是「將門出虎子」。但在政治成就、帝王之學上，兒子同父親無法相比。

試看曹丕稱帝、孫權臣服之時，魏國本來有一個絕好的滅吳呑蜀的機會，且有謀臣陳說利害，而被曹丕輕輕放過了。這一時期，實際上孫權是利用外交手段把曹丕玩弄於股掌之上，而曹丕還自以爲得意。待到曹丕醒悟過來，時機已去，悔之晚矣！

其實在這裡，倒是該孫權來嘲笑曹丕。

作爲一個帝王的曹丕，談不上有什麼雄才大略，不過藉其父餘威，守其父基業而已。在這一方面來講，他是大大地不如孫權，怎能夠嘲笑對方呢？作爲一個文人、學者的曹丕，他倒的確是不錯的。但是在這一方面也沒有理由去嘲笑孫權，因爲孫權從來就沒有說過自己在這一方面有什麼過人之長。他是很有自知之明的。

就憑曹丕這一句「吳王也懂得學問嗎」的嘲笑，就活脫脫地顯示出一個文人的狂傲自負和偏見，且缺乏雄略之主的大度和灑脫。人的氣質和生性總是難以改變的，即使他的地位起了很大的變化。

寫文章、著書立說，是做學問；當帝王、經世濟民，也是做學問，即所謂帝王之學。這兩者能夠結合起來那就更好。如曹操，就是兼詩人和政治家而有之，在這兩方面都有卓越成就。但這並非是人人都可以達到的。

即使不能兩全其美，在任何一方面有突出成就，都可以說是不虛此學。曹丕的詩文，孫權的政績，都是他們可以引以爲自豪的東西。我們現在寫著他們，談論他們，這表明他們的成就不僅聞名於當時，而且影響及於後世，作爲歷史遺產，可以說是不朽了。

所以我說，曹丕的嘲笑沒來由！

管寧的學問

有德行、有智慧的人，或從政、或從教、或從文，只是形式上的區別而矣。

三國時期有一個士人叫管寧。他因避戰禍從中原到遼東三十多年。他不求功名，也不以詩文名世，只是招收門徒以教書爲業，非學者不見。因他名氣很大，曹丕曾徵他爲太中大夫，曹叡又徵他爲光祿勛，都被他堅辭不就。

關於管寧淡泊於名利，歷史上流傳下來的，很有一些故事。

當時有一個叫華歆的與他齊名。時人稱管寧爲龍頭，華歆爲龍尾。一次兩人挖地種菜，挖出了一塊金子。管寧連看都不看一下，繼續挖他的地。華歆把金子拾起來看了半天，才把它放下。

還有一次他們正在讀書，門外有達官貴人的車馬過。管寧照樣看他的書，而華歆卻把書放下到門口去看。於是管寧就把他們共用的一張坐席割成兩半，並對華歆說：「你不再是我的朋友。」這就是有名的割席斷交。

華歆後來做了大官，在漢、魏兩朝。

王夫之說：「君子不可一日荒廢的是學問。表現爲功名事業之中的東西，面很廣但時效短，留存在人心風俗之中的東西，面雖窄但時效長。」從這個意義上說，漢末三國的天下，不是劉備、孫權、曹操這些人能夠把持的，也不是荀悅、諸葛亮能夠把持的，而是管寧在把持。

這又是一種對學問的看法，也自有他的道理。

管寧專心於學問，不求聞達於諸侯，也不借詩文以揚名。他的事業就是教學，把自己求得的學問再傳授給他人。處於亂世之中，能夠捨棄高官厚祿，以教化衆人爲己任，這的確是要有高尚的情操。管寧的事業是值得人們敬重的。

管寧的人格更值得人們敬重。「學而優則仕」，似乎已成了封建社會讀書人的思維定式。好像讀書就是爲了當官，當官成了讀書人的唯一出路。那麼反過來說，那些沒有當官的讀書人是不是就不「優」而屬於劣等呢？一般的人恐怕都是這樣看的。甚至直到現在，這種思維定式在社會上都沒有完全消除。

管寧的作爲一反這種傳統思想觀念，是很難得的。像他這樣學而優不仕的人是太少了。從這一點上說，我很同意王夫之對他的評價。但是，也不要把當官和不當官絕對對立起來。比如說，把管寧和諸葛亮對立起來就沒有什麼道理。其實諸葛亮在氣質上同管寧是相近的。「非淡泊無以明志，非寧靜無以致遠」，這是諸葛亮的名言。

諸葛亮雖然從了政，且位至宰相，仍然無改於他布衣時的志向和操行。他的高風亮節垂範後世，教化萬民。這與管寧的教學，可以說是殊途同歸。

有德行、有智慧的人，或從政、或從教、或從文，只是形式上的區別而矣，不會對他們的人格和品質有什麼影響。當然，最後究竟選擇哪一行，這就要依他們各人的性情和愛好而定了。

張昭從政的悲劇

其實人生的方向與道路，是誠如俗諺所云的「條條道路通羅馬」。

人們通常認為，讀書人只有出仕即從政當官這一條出路。其實不然，正所謂

「條條大道通羅馬」，讀書人的出路應該是很多的。而哪條道路最適合於自己的發展，則應該根據本人的實際情況來予以選擇和確定。例如管寧，他堅決不從政，一心選定了教育一途，結果取得了巨大成就，充分實現了自身價值。

但也有人參不透這層道理，無論自己的氣質、特點是否適宜，都一心從政入仕，用非其所長，最後終究是一場悲劇。例如孫權手下的張昭。

張昭爲中原名士，避難江東，被孫策重用。孫策看重的是他在士大夫階層中的影響，曾把他比之爲春秋時期齊國名相管仲。

孫策臨終時托張昭輔佐孫權。張昭本是孫權手下的第一個重臣。孫權對他十分敬重。但從張昭後來的表現看，他確實不堪政治上的大任。

從政治決策上說，他缺乏遠見和卓識。在是否送人質的問題上，他和秦松等大臣商議了半天也拿不出個主意來。最後還是孫權自己拿定了主意，召來周瑜在母親面前作了決定。

赤壁戰前，在是否抗曹的問題上，他是力主投降的。如果依了他的意見，吳國也許根本就不存在了。孫權當了皇帝後，大會百官，在會上稱頌周瑜當年的功勞。張昭舉起手板正打算說幾句讚頌孫權功德的話，還沒來得及開口，就聽見孫權說：「當時如果依了張公的意見，現在我們都正在要飯。」張昭聽了十分慚愧，伏在地上，汗流浹背。

從政治素質上說，他缺乏宰相的大度和上下圓通兼顧的本領。他性情剛強，容不得不同意見，對下難以處理好與同僚的關係；對上往往當面頂撞孫權，不注意維護主上的威信，即使作為諫官，在說話方式上也嫌太過直露。

也就是說，從政並非張昭所長，是偶然的機遇使他登上政治舞台的。經過事實的檢驗，他確實不適於擔當像丞相這樣重要的職務。所以在討論丞相人選時，孫權兩次都拒絕了衆臣的意見，沒有任用張昭。孫權的決定是對的。

張昭的特長不在於從政，而在做學問。他從小博覽群書，很早就有才名。他所寫的關於為舊君諱的論文，頗得當時學術界的讚譽。

如果他循著這條路走下去，說不定在學術上會有大的成就。可惜他半路改道，從了很長一段時間的政，沒有什麼大的政績，後來的位置類似半退休，於是又回頭做學問，寫了《春秋左氏傳解》及《論語注》。但這時年邁體衰，精力不濟，所取得的成果是遠遠不能同那些一直專心於學問的人相比了。

這就是張昭的悲劇。

我想，張昭的悲劇對於我們現在的許多人來說，都還有啓發意義。

立德、立功、立言

語曰：太上立德，其次立功，再次立言。

立德、立功、立言說的是讀書人有三方面的事情好做。首先是加強自身的道德修養，其次是取得事業成就，最後是以文章著述流傳後世。

前面我們已經涉及到這三者之間的關係，這裡再總起來說明一下。

立德當然是首要的。人首先是做個好人，然後才能談立功、立言的事。如果讀了一輩子書，連怎樣才是一個好人都搞不清楚，善惡不辨，是非不分，這書就算是白念了。

我們常說開卷有益。其實也不盡然。比如有些書就不是好書，如教人如何偷稅漏稅、敎人如何靠打麻將發財等等，卻堂而皇之地擺在書店裡賣。買的人還不少。缺少判斷是非善惡的能力，這樣的學習是越學越壞，這樣的「成功」，是越「成功」越糟。

還有一句話是「文人無行」，是說有些筆頭子上很可以的人，從「立言」的角度講是很不錯的人，在寫作之外的道德操守、行爲舉止就不怎麼樣了。這不能不說是許多文人的極大缺陷。

另一個方面，立德、立功、立言在一個人的實際生活中是不可能絕然分開的，也不應該絕然分開。管寧做學問，既是加強自身的道德修養，也是在完成自己的教育事業。諸葛亮當丞相，既是做了大的事業，同時也表現了自己高尙的道德情操。司馬遷寫《史記》，既是爲後世立言，也寄托了他自己的思想情懷，而且也是一項巨大的事業成就。因此，這是三而一、一而三的關係，是不需要分得那麼淸楚的。

在這三者之中側重於哪一方面，每個人都不一樣；這就要依其自身的特點、愛好和環境條件等等具體情況而定。無論側重於哪一方面，我們都不要貶損其它方面而唯我獨尊。然文人還眞確實有這樣的毛病，就是「文人相輕」。

劉表曾親自寫信給孫策，先拿給當時的名士禰衡看。禰衡看後嘲笑地說：「你是要寫給孫策這個帳下兒看，還是要給張子布（張昭）看呢！」在他看來，孫策沒有學問，是不配看他們這些名士們寫的高深東西的。

其實誰都不應該輕視誰。孫策雖然沒有張昭那樣的學問，張昭在政治和軍事能力上也無法同孫策相比。珍視自身事業的價值是應該的，同時也不應該否認其它事業的同等價值。只有悟了這一層道理才是通人。

我們說立德是基礎，並非說它就是一切。立德落在實處還是要立功、立言；即使不從政當官降大恩澤於民，也要盡可能地做些好事，以自己的好德行來影響周圍的人，在這個世上留下一些什麼。如果不這樣想，只是一味地獨善其身，這樣的道德就是蒼白無力的。

說來說去還是這六個字：立德、立功、立言。

孫權重修史

我們之所以要觀看歷史，是因為可以以古鑒今。

孫權在位時，對撰寫本國歷史的事情十分重視，曾下令讓丁孚、項峻專門負責編寫《吳書》。

而蜀國立國的時間也不算短，卻沒有安排《蜀書》的撰寫工作。在這一方面，諸葛丞相似乎要比孫權略遜一籌。

從這一點也可以看出作爲開國君主的孫權遠大的眼光。人類之異於其它動物，就在於人類有文明史，即透過文字記載和延續下來的歷史。這種史書撰寫工作不僅有功於當時，而且是整個人類文化寶庫中不可或缺的部分，具有不朽的價值。

開國君主中有不少人並不重視史書撰寫工作。他們大都是馬上得的天下。在他們看來，既然能夠馬上得天下，也就可以馬上治天下；文化就算不得什麼了。

相比之下，孫權就沒有這種草莽氣息，而多一些溫文爾雅。

歷史的記載的確是重要的。在某種意義上說，它就是根本，就是一切。大敵當前，一個國家著重保護的，正是本國的圖書典籍資料。它的存在就意味著這個民族、國家的靈魂、精神仍然存在。

我們之所以要觀看歷史，是因爲可以以古鑒今。也就是有所謂的規律。我們看古代史，我們看外國史，我們看自己國家的現代史，總覺得其中有著某些共同必然的東西。一旦我們把握了它，我們對於自己的未來就可以作出預測。

當然，被記載下來的歷史也有它的局限。這首先是因爲，當時寫歷史的，也是一個個情況各別的具體的人，他們有好惡，也有取捨，也具有可能的偏見。

如孫邵是吳國第一任丞相，但我們在史書上卻看不見他的傳。根據後人的推測，在丁孚、項峻時已經有了關於他的注記，但由於他與張溫關係不好，而後來作史的書曜又是張溫一黨，所以沒有把他入傳。歷史的記載往往有諸如此類的情況。

其次是，把過去的歷史同現在的情況作類比總是有限的，不能夠簡單化。現實總有許多歷史上不曾有過的新情況、新東西。像算命那樣以觀看歷史來預測未來，這只是讀書讀呆了的人才會有的念頭。

如果說歷史是一面鏡子，那麼它不一定是平面的，而是可能顯示給我們一個變形的過去的曲面鏡，凸凹不平。從這個意義上說，被記載下來的歷史也確有遮蔽歷史眞相的地方。

但我們還是只能從已有的記載材料來把握歷史。這裡不僅需要對於史料的廣泛搜集和充分占有，還需要有深入考證、精確分析和去僞存眞的功夫。

而更基本、更深刻的要求是，我們必須用我們現代人的心去貼近古代人，使我們同他們在人性這一層次上相溝通。一旦達到這一點，古代人就復活了，歷史才可能眞正再現。

重修史的孫權，給我們提供了寶貴的素材；其餘的話，就要靠我們自己做了！

論典駁匡衡

孫權引經據典，不是為了當博士，但仍然顯示出一個博學帝王的風采。

從史料上看，孫權是熟悉和了解很多典故的。這說明他讀了很多書，並且都讀通了。其中比較專門的是論郊祀駁匡衡。

吳嘉禾元年冬，群臣因孫權沒有舉行郊祀，上奏說：「吉祥的兆頭頻頻出現，遠方之國慕義而來。天意人事，前後都完備了。因此應該進行郊祀，以承天意。」

孫權回答說：「郊祀應該在國土的中心地方進行，現在不在這樣的地方，那麼在哪裡進行呢？」群臣回奏道：「普天之下，莫非王土。王者以天下爲家。古時周文王、周武王就是郊祀於酆和鎬，不一定非要在國土之中心不可。」

孫權問：「周武王伐紂，即王位於鎬京，在那裡郊祀是得其所。文王沒有當天子，而在酆郊祀，見於何種經典？」答覆是：「見於《漢書·郊祀志》，匡衡曾上奏建議移到甘泉河東郊祀，說周文王曾郊祀於豐。」

孫權說：「文王性情謙讓，處於諸侯之位，顯然沒有郊祀。經傳沒有明文記載這件事，這是匡衡俗儒的主觀臆斷，不是典籍的正義，不可採用。」

這裡不討論孫權和匡衡誰有道理，也不討論孫權爲什麼不願進行郊祀，只是說明孫權雖然不專門從事學術研究，卻能夠同匡衡這樣的經學大儒相辨駁，足見他學識淵博，有紮實的功底。

在他的詔令和同臣下的談話中，屢屢可見引經據典的地方。

在要諸將加強戰備觀念、居安思危的命令中，他舉了《漢書》所載西漢名臣雋不疑劍不離身的例子。

在說明應該滿足曹丕索要珍玩的要求時，他以惠施回答自己爲什麼尊齊爲王的比喻爲例。

在回答陸遜的詔書中，他引用《尚書》「予違汝弼，汝無而從」的話，以及《國語》「近臣盡規」、「親戚補察」的說法。

在給諸葛瑾等的長篇詔書中，他舉了《國語》所載衛武公九十五歲還勤求輔弼的故事以及齊桓公與管仲君臣關係的事情。

在得到白虎瑞兆的報告後，他在詔書中引用了《尚書》中「雖休勿休」的話。

在得知呂蒙推荐與自己有仇的人爲稱職佳吏時，他稱讚呂蒙是效法祁奚。祁奚是春秋時晉國的大夫，他在退休時推薦了「解孤」接任，這位解孤是他的仇人。

這樣的例子還可以舉出很多。

就孫權這種好學不倦、勤奮讀書的勁頭，如果他把精力主要用來做學術，我想他也一定能夠弄一番出名堂來。可惜的是，一個人的精力和時間畢竟有限，他的成就主要只能體現在帝業和政績上。

孫權引經據典，不是爲了當博士，但仍然顯示出一個博學帝王的風采。

位高權重學彌切

處高位掌大權者，要勝任所承擔的職務，就必須有相當的學問修養。

孫權要求呂蒙和蔣欽加強讀書學習，因爲他們已經當權管事。當權和不當權是不一樣的。不當權的人，事情做的好壞主要只關係到他一個人，對於全局影響較小。當權者所作所爲事關全局，有時成敗往往關係於他的一念之差，責任重大。

相對而言，在素質上，在品行修養上，在辦事能力上，對於當權者都有更高的要求。而這些素質和能力的提高，只有透過學習。

處高位掌大權的，要勝任所承擔的職務，就必須有相當的學問修養。就吳國而論，孫權本人就不用說了；呂蒙是透過自學成才，足當大任。陸遜、顧雍本來就是書生出身。至於以前的周瑜、魯肅等，沒有一個不是飽學之士。

是否可以這樣說，有學問的人不一定掌得好大權；要掌好大權，就必須得有較好的學問。

位越高、權越重，管的事就越多。當權者往往以事務繁忙爲理由排除了讀書學習的可能，就像呂蒙開始做的那樣。

實際上，忙不是理由。讀書學習並不是與所管事務無關甚至相悖的事情。學習有了收益，就能開啓智慧，提高辦事能力，反而可以使自己忙得好一些。

影響位高權重者讀書學習的心理障礙是，由於他們地位的變化，自以爲高人一等，以爲高貴者就一定聰明，甚至以爲自己是一個全知全能者，什麼都會，什麼都行。既然如此，那還用得著學什麼呢？

地位的變化，有多種因素，甚至還有偶然的機遇在其中，並非一定是個人的聰明才智所致。不能認淸此點，故步自封，驕傲自滿，不思進取，即使上了台也會不堪其任而垮台。

當權者需要學習的不外乎這樣幾個方面的內容：首先是學習怎樣做人。這是人人都需要學習的東西，面對當權者的要求更高一些。其中的重點是個人自身怎樣加強道德修養和怎樣處理好人與人之間的關係。

其次是盡可能地擴大自己的知識面。這樣可以開闊視野，明於道理，提高自己分析問題和處理問題的能力。

再次是鑽研與自己專業有關的學問。當大將的要多讀兵書，管法令的要懂法制之沿革，當宰相要學治國之大道。

最後，倘有餘力，還可以飽讀佳詩妙文，陶冶自己美的情操。

有作爲的位高權重者在學習上永遠不會有滿足之時。他深感自己肩負的責任之重大，深感自己學識、能力之不足，深感讀書學習的必要性和緊迫性。眞正讀進去了，他還會感到，讀書學習，樂在其中！

由一勇之夫到國士

那些勤奮好學的人是值得我們刮目相待的！

有一句成語或一句話我們很熟悉：就是「刮目相待」，或「士別三日，當刮目相待」。但典故出自何處，那就不一定人人都知道了。

這是關於呂蒙的故事。

呂蒙年少時不讀書，到後來管事時，不能寫，只有以口代筆面陳大事，很不方便。同僚們在這一方面都不怎麼瞧得起他。如魯肅就是這樣的。

後來呂蒙在孫權的勸導下發憤讀書學習，專心致志，不知疲倦。他所讀的書種類之多，範圍之廣，連那些老先生都無法相比。

魯肅代替周瑜領兵後，路過呂蒙那裡，曾想用議論來難倒他。哪知一談之下，讓他大吃一驚。他撫著呂蒙的背說：「我原以爲老弟你只有武略而已，沒想到你現在這樣學識淵博，不再是原先的那個吳下阿蒙了！」

呂蒙說：「士別三日，就應該刮目相待。」他爲魯肅謀畫對付關羽的五條計策。魯肅聽後說：「呂子明，我眞沒想到你的才略達到這樣的高度。」於是拜見呂蒙的母親，同呂蒙結成親密的朋友。

呂蒙年輕時的特點，也就是較能吃苦，作戰勇敢而已，同甘寧、朱恆等沒有什麼太大的區別。他的毛病也跟他們一樣，不是很明事理，喜歡同人鬥狠，粗暴好殺。

然而，透過發憤讀書學習，呂蒙去掉了自己的毛病，完成了由一個一勇之夫向一個國士的飛躍。

他深明大義，有德行。與他鄰近的徐顧等三將死，孫權要把士兵都歸他，他再三推辭，陳說三將勤勞國事，子弟雖小不可廢。孫權同意後，他又為這三將子弟選擇老師輔導學習。

他不貪錢財，對於孫權的巨額賞賜往往堅持不受；待人寬宏大量，以德報怨，如蔡遺、甘寧都是跟他過不去的人，他卻常在孫權面前說他們的好話。

他極富智謀，兵不血刃而奪取荊州是他一手導演的傑作。他治軍嚴整，一同鄉因取民家一笠覆蓋自身鎧甲，被他垂淚斬首。他取荊州後善待關羽及其將士家屬，秋毫無犯，並送糧送藥，問暖噓寒，使對方軍心迅速瓦解。

此前他也數進奇計，如不顧諸將反對，勸孫權夾水作濡須塢，這在對抗曹操的進攻中起了很大作用；如攻皖城破朱光時，他又力排眾人築土山的建議而主張強攻，果然成功。

廬陵有賊作亂，諸將前往征討都不能平息。孫權說：「鷙鳥累百，不如一鶚。」於是派呂蒙去，馬上平息了這場叛亂。

孫權感嘆地說，像呂蒙這樣成長迅速、進步巨大，一般的人難以做到；富貴榮顯後更能折節好學，喜歡讀書，輕財尙義，行爲舉止可爲表率，成爲國士，這眞是太好了！

那些勤奮好學的人是値得我們刮目相待的！

孫權的人生哲學 中國人生叢書15

主　　編／揚　帆
著　　者／黃忠晶
出 版 者／揚智文化事業股份有限公司
發 行 人／林智堅
副總編輯／葉忠賢
責任編輯／賴筱彌
執行編輯／范維君
地　　址／台北市新生南路三段88號5樓之6
電　　話／（02）366－0309　366－0313
傳　　眞／（02）366－0310
登 記 證／局版臺業字第4799號
印　　刷／偉勵彩色印刷股份有限公司
初版一刷／1996年3月
ISBN／957－9272－50－6
定　　價／250元

南區總經銷／昱泓圖書有限公司
地　　址／嘉義市通化四街45號
電　　話／（05）231－1949　231－1572
傳　　眞／（05）231－1002

國立中央圖書館出版品預行編目資料

孫權的人生哲學：機智人生 / 黃忠晶著. －－初版.
－－臺北市：揚智文化，1996〔民85〕
面；公分. －－（中國人生叢書；15）
ISBN 957－9272－50－6（平裝）

1.（三國）孫權　傳記　2.人生哲學

782.324　　　84013930